人生が整う「ひとり時間」の過ごし方☆

佳川奈未

Nami Yoshikawa

ビジネス社

未来をひらく「まえがき」

「ひとりの時間」を愛すると、人生に愛される♪

おひとりさまタイムから、運気好転！
幸せに豊かにすべてを整える

あなたは、ひとりの時間、何をしていますか？　えっ!? 「毎日、仕事や雑用、家事や子育てに追われて、ひとりの時間なんて、ない！」ですって？

なるほど。忙しいから、なかなかひとりになどなれないと。

しかし、「ひとりの時間」というのは、それが短い隙間《すきま》の時間であれ、たいくつすぎるほどたっぷりと与えられた長い時間であれ、日常の中にちゃんとあるのは確かです。

「ひとりの時間」を、人は、必ず、どこかで過ごしています！

時間がないと言っている人でも、お風呂、寝る前のベッドの中、買い物にいく道中などなど、少なくともその貴重な時間はあるはずです。

ひとり暮らしをしている人なら、家族と同居している人より、もしかしたら、自由な時間を多く確保できるかもしれませんね。

そこにある時間の、短い・長いにかかわらず、そのとき自分が、いったい何をしているのか？　は、とても大切なことです。

というのも、**ひとりでいる時間に、何を、どのようにしているのかで、習慣が変わり、運命が変わり、この人生の質がまったく違ってくるからです！**

たとえば、ひとりでいるときに、イライラ、バタバタ忙しく、てんてこまいし、不平不満や悶々《もんもん》とした気分で過ごしている人もいれば、逆に、くつろぎ、楽しく、優雅に、過ごしている人もいることでしょう。もっと、有意義に！　と、精神を高め、何かを学び、夢にかけ、大きな目標にチャレンジしている人も。

前者と後者の過ごし方では、人生の質は大違いで、それが365日毎日となると、あるいは、長い何十年もの人生全体となると、この運命には、〝雲泥《うんでい》の差〟が出ます！

わかっておきたいことは、「時間」というのは、〝ある〟とか〝ない〟とかを論じるものではなく、「そういう素敵な時間をつくろう♪」と思うことで、自ら生み出せるものであり、それでいてこそ、日常から、〝みちがえるような人生〟をいくらでも叶えられるということです！

「ひとりの時間」を、より快適に、より楽しくハッピーに、宝物のように扱う習慣を持つならば、人生も快適に整い、幸せにあなたに報いてくれます！　それは、あなたが時間や過ごし方を大切にしたことで、「人生」からも〝お礼〟が返ってくるからです！

そのとき、この現実で受け取ることになる恩恵の数々は、お金では買えない貴重なものばかりとなっていることでしょう。それ以前に、きっと、あなた自身が充実して、よろこんで、満たされて、生きていることでしょう！

人生は、時間でできています！　命はその時間を過ごすエネルギーのかたまりです！　人は、その時間とともにこの命を、毎日を生きていかなくてはならないからこそ、すべての時間を輝かせてみたいもの♪

まずは、そのきっかけを、本書から、つかんでいただけると幸いです。

大切にした〝ひとりの時間〟は、きっと、あなたの日常に、この人生に、幸せな奇跡を起こすくらいの、すごいパワーを持たせてくれることでしょう！

２０２０年　５月

ミラクルハッピー　佳川　奈未

Chapter 1

暮らしを整える☆家でくつろぐために
——ちょっとのことで、もっとゆったり、あなたは快適に毎日を送れる!

Chapter 2

金運を整える☆一生お金に困らないために

――あなたの心の豊かさで、すんなり「リッチライフ」を惹き寄せる！

Chapter 3

精神を整える☆気づきと学びのために
——ちょっと賢い自分になって、もう少し、いい生き方を叶えてみる

Chapter 4

夢のビジョンを整える☆キラキラ輝くために

――自分の足元をよくみよう♪

いつでも、そこに、進むべき道がある！

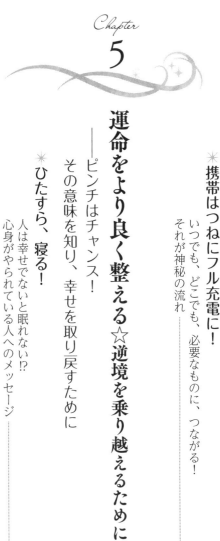

Chapter 5

運命をより良く整える☆逆境を乗り越えるために

――ピンチはチャンス！
その意味を知り、幸せを取り戻すために

Chapter 6

スピリットを整える☆波動を上げるために
——自分の次元を引き上げれば、この人生に魔法がかかる！

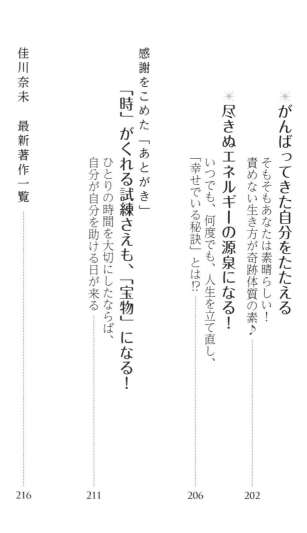

Chapter

1

暮らしを整える☆家でくつろぐために

ちょっとのことで、もっとゆったり、
あなたは快適に毎日を送れる！

気持ちよく目覚める

光と風を入れ、爽やかに起きたら、
運気も爽やかに、動きだす！

ここから日常を整え、幸運の流れに入っていくために、大切にしたいことがあります。それは、〝朝の過ごし方〟です！　というのも、**あなたの運は、あなたの朝のエネルギー状態でつくられるからです！**

一日のスタートである朝を、どう過ごすのかで、自分のマインド状態や、ボディコンディション、思考やとる行動も違ってきますし、そのあとの流れがまったく変わってきます。

それには、まず、〝目覚めの状態〟から、気にかけましょう！　さわやかに目覚めるのか、無理やりたたき起こされるのかでは、大違い！

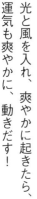

けたたましく、うるさいだけの、「ジリジリジリ！！！」という爆音ではなく、できれば、さわやかなヒーリングミュージックやクラシック音楽、可愛い小鳥のさえずりで、目覚めるなら、気分爽快！　そばにいる愛する人のキスや離れたところにいる恋人からのモーニングコールで起こしてもらうなんていうのは、もう、最高でしょう♪

優しい気持ちでベッドから出たら、窓を大きく開け放ち、光と風を入れましょう。可能なら、お庭やバルコニーで、朝日の光のシャワーを全身に浴びたいもの。コップ一杯のミネラルウォーターで、体に水分補給と刺激を与えれば、新陳代謝も活発に！

一日のスタートは爽快に！　という方は、そのままバスルームへどうぞ♪

軽くシャワーもいいけれど、お気に入りのバスソルトを入れ、バスタブにつかるのもいい！　温度も、ムードも、優しく、あたたかいものを生み出せたなら、心はぽかぽか、体はしなやか、運気もホットにアップ♪

とにかく、朝は、毎日、やってくるもの！　習慣となっている朝の過ごし方が、良いか悪いかで、送る人生もガラッと変わってきます。それをわかっている人は、朝のひとときからさえも、うまく幸運を呼び込める人！

まちがっても、機嫌悪そうに起きてきて、ぶつくさ言ったり、家族に八つ当たりするのはやめましょう。あなただけでなく、みんなの朝が台無しです。そんな朝を過ごそうものなら、「今日は最悪～!!」なんていう、不本意な一日を惹き寄せがちにもなるでしょう。

さて、**朝の〝目覚めの状態〟を良い状態にするには、夜、安心して、おだやかな気分で、眠りにつくことです。**

心配ごとや不安を抱いて、みけんにしわを寄せて眠るのではなく、気がかりなことは、ベッドに入るまでに解決しておき、すやすや安眠できる習慣を。たとえ、その心配ごとが、その日一日では解決しないものであったとしても、せめて寝る瞬間くらいは、すべてを忘れ、いやなことから自分を解放してやるくらいの気持ちで、自分を癒《いや》してから、眠らせてあげましょう。そのための工夫は必須です！

また、寝る寸前までパソコンやゲームをするのはＮＧ！　交感神経と副交感神経がうまくバトンタッチできず、不眠の原因に。夜更かしは、疲労と免疫力低下と神経の乱れのもと。

「神は、神経に宿る」といってても過言ではないほど、神経を休ませることは、自分を完全に休ませ、おおいなる生命パワーにつながる秘訣《ひけつ》です。

気持ちよく眠り、気持ちよく目覚めることで、人は、自然に良い習慣、良い運気を生み出せるようになります。そのとき、特別なことなど何もしていなくても、「いいこと」をかんたんに惹き寄せ、幸運の流れに入っていけるものです！　勝手に幸運になれ、奇跡さえも呼び込めるようにもなるものです！

ゆったり朝食をとる♪

なんなら、1時間どうぞ♪
すると、みたこともない豊かな人生が始まる

「朝食は、ゆったり、優雅にとる♪」　それが、心身を整え、日常を整える要《かなめ》です！

ひとりで過ごすときこそ、早起きしてでも、1時間たっぷり時間をかけて、ゆったり、優雅に、朝食をとってみてください。といっても、テレビの大食い番組のように1時間ひたすら食べるということではありません。

おいしい紅茶とトーストも、時間を気にせず、くつろいで、品よくいただくというスタイルにするということです♪

ハムやチーズや野菜をふんだんにはさんだおいしいサンドイッチ、ふわふわのパンケーキを用意するのもいいでしょう。

高級ホテルのモーニングサービスのように、ドリンクもいくつか用意し、フルーツ

やヨーグルトまでもそろえたフルコースも、素敵♪　なんなら、朝からステーキ！　というパワフルな朝食もあり！　です。

そんな、まるで「休日」であるかのような、おだやかで優しい時が流れる中での朝食を毎日叶えるならば、あなたは、自分がどれほど〝クオリティの高い人生〟の中にいるかをすぐに実感できるでしょう！

実際、そういう優雅な気分と行為こそが、あなたの人生を、優雅に、豊かに、幸せに引き上げていくことになるのです！

えっ⁉　「忙しくて、そんな時間がない！　できない！」ですって⁉　いや、そうではありません。時間は、あるとか、ないとか、論じるものではなく、たんに使い方の問題です。「ぜひ、そうしたいわ♪」「そういう時間をつくってみよう！」と、思うかどうかです。

実は、かつてのわたしの朝は、とてもあわただしいものでした。それゆえ、朝食はというと、コーヒーか牛乳をパッと飲むだけの5分もかからないもので、なにも食べずに、そのまますぐに出かけることが常でした。
しかし、朝食をぬくと、頭はボーッとするし、体はなんだかシャキッとせず、気が入らないものです。それは、まるで、ガソリンの入っていない車で出かけるようなもので、そんなことでは、走れるわけもありませんでした。

しかも、あわただしい朝を過ごすと、やはり、その日一日、なにかと忘れものをしたり、しなくていいミスをしたりしがちなもの。
〝あせる・時間に追われる・あわてる〟というのは、自分の心や体のコンディションを乱すものであり、そこにある運気も乱しがちになります。

そんな朝の過ごし方のどこに、良いものが転がってきましょう。

朝食ぬきの状態や、バタバタしているだけの朝の過ごし方が、やがて、自分の心や体を追いつめ、疲れ果てさせ、倒れさせるものになるのは、時間の問題でした。そういった状態が続いていたある日、とうとう体調を壊してしまったのです。

そして、「これでは、いけない！」と気づいてからは、「朝食」こそ、たっぷり時間をかけて、ゆったり、優雅にとり、リラックスできるよう、朝を整える習慣にしてみたのです。

結果、それは大正解で、なにかと調子が良くなり、以前より「幸福度」が増したことを大きく実感できました♪

そうなると、もちろん、仕事にも気持ち良く向かえ、新たなチャンスを惹き寄せることも、かんたんになったものです！

たっぷり時間をかけて、ゆったり、まったり、優雅に、リラックスして朝食をとる朝の習慣が、自分をあわただしいスタートや、がさつな生活や、イライラする暮らし方から解放してくれ、素晴らしい宝物を与えてくれます！

その素晴らしい宝物とは、何か⁉　ズバリ、「余裕」です！

「余裕」で過ごす朝は、いつも、あなたのあり方と人生を、余裕たっぷりで幸せに豊かにし、素晴らしく、価値あるものにしてくれます！

〝ちょこっと、整理〟のススメ

手をつけるのも面倒な、こまごましているものたちをなんとかする

こまごましたものというのは、めんどうくさくて、なかなか片付けられないものです。たとえば、机、ドレッサー、タンスやクローゼットの引き出し、宝石箱の中、キッチンの戸棚がそうかもしれません。

ちなみに、そこは〝秘めたる願望を叶える力〟が宿っているシークレットゾーン！　机はビジネス、ドレッサーは恋愛、タンスやクローゼットは自分の才能開花、宝石箱は女の出世、キッチンは家庭というように、それぞれ願望を叶えるパワーを持っています。

〝こまかいもの〟を、日頃から、ちょこちょこ整理整頓するくせをつけるだけで、「散らかさない女」でいられ、あなたの女性としての株もぐんと上がります！

しかも、その「シークレットゾーン」をちょこちょこ整える人でいると、不思議なほど、叶えたかったことが、日常的にちょこちょこ叶うようになります♪

とにかく、自分が一番よく使う場所が散らかっていたり、汚れていたりすると、落ち着かないもの。こまかいものがごちゃ混ぜになっている場所では、「あれがない！」「どこへ行った⁉」と、つねになにかを探しまわり、イライラし、疲労困憊《こんぱい》するものです。そのせいで大事な時間もロスしがちに！

キレイに、見やすく、使いやすくなるだけで、心も運気もホッと、おだやかになれるもの♪

こまかいものをごちゃごちゃ触っていると、邪魔くささでイーッとなりがちな人は、心を癒す音楽でもかけ、しばし、「ヒーリング・タイム」を満喫するつもりでやるといいでしょう。用事をしていることさえ忘れられ、感動タイムになるでしょう♪

「イライラするものとかかわるときには、落ち着くものとともにやる！」ことが、気分と行動と結果を良くする秘訣です！

テキパキ、サッサッ！　と、やりたい場合は、アップテンポの曲が効果的かもしれませんが。

さて、整理整頓された場所からは、スーッと清らかで澄んだエネルギーが発せられ、そのとき、あなたも、清らかで、きれいな波動を発しているものです。

そして、何を隠そう、それこそが、開運のために必要な〝通るエネルギー〟だったのです！　スーッが、物事を円滑に通し、すんなり成就させる、魔法のパワーだったのです！

いきなり、大掃除もあり！

今日は、いっそ「カルマ」の浄化☆
部屋と運気をキレイに一新する！

ひとりで過ごし、心からくつろぐためには、やはり、部屋がきれいでなくてはなりません。散らかった、気の乱れた空間にいると、気持ちも乱れ、運気も乱れ、落ち着かないものだからです。

しかも、あなたの心や部屋の中に、散らかったもの・汚れたもの・気になるのに放置されたやっかいなものがあると、負のエネルギーを蓄積しやすく、「カルマ」となってこの日常に噴出しやすいもの！

本来、「カルマ」とは、〝未解決のエネルギーの残骸《ざんがい》〟のことだからです！

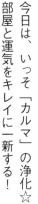

心に「カルマ」があると、なにかと物事がうまくいかなくなり、自分が身を置く場所に「カルマ」があると、運がダウンしがちになります。

心もお部屋もきれいにクリーンにすることで、いやな「カルマ」を解消しましょう！

「今日は、とくに他に何もすることがない」というのなら、〝いきなり、大掃除！〟もありです！

窓をあけ放ち、本気モードで大掃除をするとき、部屋に停滞していた気の澱《よど》みも解消され、新鮮な空気が入り込み、より〝快適な居場所〟を生み出せるもの♪

大掃除にとりかかるとき、真っ先にやりたいのが、カーペットや床の上に散らかったものをどけること。ブーンと掃除機をかけたなら、時間のかかる押し入れやクローゼットの中身をそこにぜんぶ放り出しましょう！　ちまちまやっても、らちがあかないところは、大胆に一気にやるのがコツです！

大掃除という行為は、お部屋だけでなく、あなたの心身・運気・人生を大掃除することにもつながっています！　「思いきって大掃除をしたら、気分がスッキリして、新たな自分でここから進めそう」ということも、多々あるもの。

押し入れは、「過去の人生」の忘れ物と未解決の問題のエネルギーの吹き溜《だ》まりの場です。それゆえ、押し入れを掃除すると、過去から持ってきていた、不必要なエネルギーが一新され、新たな幸せな運気を呼び込みやすくなります！

また、クローゼットは、あなた自身の負のエネルギーの吹き溜まりになりやすい場所です。洋服という〝直接、肌にまとうもの〟は、あなたの波動の良い・悪いをそのままクローゼットに持ち込むからです。

それゆえ、クローゼットを掃除すると、これまでの不本意な自分のあり方や、うまくいかない人生の流れを改善でき、望むままに、自分らしく、イキイキと、ハッピーな状態を叶えやすくなります！

さて、掃除の基本は、余計なものを捨てること！　その余計なものとは、いったいどんなものでしょうか？　それは、ひとことでいうと、〝気が重くなるもの〟です。

そう、次のようなものを捨てると、大きな幸運が拾えます！

《大掃除で、捨ててしまいたい余計なもの☆押し入れ編》

◇使うこともない、趣味のあわないもらいものの食器類
◇押し入れにつっこんでいた壊れかけの電化製品・場所をとるだけの置物
◇もったいないからと思って何年もとっておいたが、そうそう出番もなく、やはり、何年経っても使わないというしろもの
◇趣味の道具・編みかけの毛糸のかたまり・新聞を束ねたもの・読まない本・子どもの頃からしまっている、もうまったく開くこともない百科事典
◇誰にもらったのか忘れたが見るのも怖い民芸品や、海外みやげの置物
◇何が入っているのか、もうまったくわからない、開けるのも怖い段ボールの中身
◇長年使いすぎて邪気を吸いきっていそうなパワーストーンのあれこれ、趣味で集

めたまじないグッズ、小さい頃はかわいがっていたが、もうボロボロになってしまったおぞましい人形（人の想いや念の入ったものは、押し入れから出したあと、どこかでお焚《た》き上げするか、然《しか》るべき形で丁寧に処分しましょう）

……などなど。

《大掃除で、捨ててしまいたい余計なもの☆クローゼット編》

◇安いという理由だけでバーゲンで買ったけど、一度も着なかった洋服
◇誰かからもらった洋服のお古で、もう着ないことがわかっているもの
◇いやな思い出があって、着る気になれない洋服
◇昔の彼の趣味にあわせて買った洋服で、見るたびに涙が出るもの
◇着心地やデザインや生地の悪い洋服で「なんでこれを持っているのか?」と、当時の自分の趣味の悪さを嘆きたくなる服
◇汚れやシミがついていて、何度クリーニングに出してもとれず、もう、外には絶対に着ていかないし、家の中で着るのもイヤだという服

◇これを着て外に出ると、なんだかいつも良くないことがあるというジンクスのある服で、不吉なものを感じる運の落ちる服

……などなど。

あれこれいさぎよく捨てたら、押し入れやクローゼットの中はきれいに拭《ふ》き掃除まで行います。その際、水の入ったバケツに、ひとつまみの粗塩《あらじお》を入れ、その水で雑巾《ぞうきん》をしぼり、中を拭きます。その後、しばし、扉はあけたままにして乾かし、空気も入れ替えます！

すると、心もお部屋も、すがすがしく、澄んだエネルギーが流れます！　そのとき、「カルマ」も解消し、「ダルマ」の状態に！「ダルマ」とは、あなたを正すプラスのエネルギー！　そこから、なにかと「いいこと」を惹き寄せます♪

さて、なにかを捨てたことで、押し入れやクローゼットに「空きスペース」ができたなら、そのスペースは余裕で、あけておいてください。

すると、**宇宙は空白を嫌うので、空いたスペースには、なにかもっと良いものや、あなたにとって幸せで豊かになるものが、やってくることになります！**

決して、「そうだ！　ここが空いたなら、あれをここに入れよう！」などと言って、別の場所にあったなにかを、再び押し入れやクローゼットにぎゅうぎゅうに詰め込まないでください。

故意になにかを詰め込むと、宇宙があなたにもたらしたい良きものが、入ってくるチャンスを失うからです。

たまには、手の込んだ料理もする

お料理をして「運」を上げ、
おいしく食べて「幸せになる」ために♪

いつもは、「忙しいから」という理由で、チャッチャとかんたんなものですませていた料理。たまには、ひとりじっくり時間をかけて、自分のために、家族のためにと、手の込んだ料理を作ってみるのもいいでしょう。

人は、食べるものから栄養を摂取し、その食べ物の気＝エネルギーも摂取するものです。また、そこに加えられた作り手の愛情も、摂り込んでしまいます。そして、人間は、食べたものから、細胞をつくり、心と体をつくり、運をつくっているのです！

細胞のためにも、心と体のためにも、運のためにも、いかに良いものを、おいしいものを、食べるといいのかに興味を持って、よろこんで手作りをしてみたいもの♪

ちなみに、食べ物と運の関係には、おもしろい運の法則があります。それについて、わたしの主宰する宇宙生命気学でお伝えしましょう！

「牛肉料理」⇓仕事運・成功運・財運・出世運をくれます。

「豚肉料理」⇓企画運・目的達成運・合格運・人脈運をくれます。

「鶏肉料理」⇓金運・商売繁盛運・交際運をくれます。

「馬肉料理」⇓パワーアップ運・勝負運・人気運・王者運をくれます。

「魚介類《ぎょかいるい》」⇓美と健康運・才能開花運・芸能運・願望実現運をくれます。

「野菜料理」⇓緑の葉ものや緑黄色野菜の料理なら、成長発展運・ダイエット運・恋愛運をくれます。イモや根のものの野菜なら、信頼運・安定運・家庭運・不動産運をくれます。

「デザート」⇓金運・財運・富裕層運・大幸運をくれます。

あなたが時間をかけて、楽しんで、愛情を込めて作った料理には、その良い波動がすべて一緒に、料理を通して心身に入り込むことになります！

しかも、「火」と「水」を使うことによって、「神様の気」も家庭に入ってくることになるので、コトコトなにかを煮込むような、時間のかかる料理をするときには、無条件に、開運し、大きなご加護を受けることになります！

さて、たまに、コンビニ弁当や外食ものですませるとき、そこには、便利さはあっても、大切ななにかが少しだけ欠けていることになるのかもしれません。それが、あなたが自分自身や大切な家族を思う〝心〟というものであり、「愛情」です。

愛情のない食べ物は、「料理」ではなく、〝えさ〟です。人はえさを与えられたいのではありません。特に、子どもがいる場合、子どもは、お母さんの愛を食べて生きていく存在であり、料理が情緒《じょうちょ》に大きく影響することをわかっておきたいものです。お腹から温まるおいしい手作り料理を食べれば、人の情緒も安定し、整うもの！　愛を丹田で受け取り、安堵《あんど》するからです！

心と体の「免疫力」を高める！

自分の中から高まる暮らし方が大切☆
そのシンプルな方法とは⁉

自分を充分にくつろがせ、エネルギーチャージし、またそこからしっかり活動するためには、なにはともあれ、日々、健康でなくてはなりません。

なにかとつらいものや病んだ状態を抱えていると、仕事をするにも遊びに行くにも、たいそうなことになってしまいます。また、夢を追うとか、成功するとかいう以前に、〝いつものふつうの元気な自分〟でいられなくなるからです。

人は、〝いつものふつうの元気な自分〟でいるだけで、ほとんどのことを、それなりに、なんなく、うまく、やれるもの！

まずは、心の免疫力を高めましょう！　そのためには、明るい気分になれるもの、元気になれるもの、わくわくできるもの、好きなことや楽しいことに、かかわること！

自分にとって、心地よく快適な時間、前向きになれる時間、エネルギッシュになれる時間が、自然にあなたの精神や細胞を元気にし、免疫力を高めてくれます！

もっとも、いいのは、「笑う」こと！　お笑い番組や、おもしろいユーチューブでも見て、笑いを堪能《たんのう》しましょう！

〝お腹を抱えて笑うこと〟は、ストレスやいやなことを一気に吹き飛ばし、一瞬で、いつもの元気な自分に戻してくれます！　そのとき、免疫力アップと運気アップを同時に叶えているような、いい状態になっているものです。

次は、カラダの免疫力も高めましょう。そのためには、お腹からカラダ全体をあたためることです！

芯《しん》から体をぽかぽかにするには、あたたかいものを飲食する習慣を持つことです。たとえば、湯のみ茶碗一杯のお白湯《さゆ》をちびちびとゆっくり飲む（1日2～3杯程度でいい）と、体はポカポカ、デトックス作用もあり、なにかと調子がいいものです。

また、食事では冷えたものばかりで、カラダを冷やしすぎないようにしたいもの。根菜の鍋料理は、心も体もホットになり、野菜はしんなり、たっぷり食べられます。根菜の炊き合わせは、お母さんの味を真似て、どうぞ。ほこほこ、まったり、心と体が癒されます♪

お魚料理はお刺身や焼きものばかりでなく、ときには、お煮つけにし、お肉料理も、長時間コトコト煮込んでシチューなどにするといいかもしれません。

ちなみに、免疫力をアップする食材には、ホウレンソウ、春菊、長ネギ、ブロッコリー、ピーマン、パセリ、芽キャベツ、タマネギ、ニンジン、かぼちゃ、じゃがいも、蓮根、ゴボウなどあり！　また、バナナやみかんやキウィ、レモン、苺、柿（干し柿）も。他には、ヨーグルト、納豆、キムチ、はちみつ、アーモンド、など。

気になるときが、ほしいとき！　楽しく、おいしく、豊かに取り入れてみたいもの。

魂の「免疫力」を高める！

知っている人は、幸福力までもUPする☆その大切なこととは？

ここでは、「魂の免疫力を高める！」方法について、お伝えしましょう！　それは、あなたの生き方の質を高める方法でもあります。それを知っておく人になるだけで、幸福力もＵＰします！

それには、深い睡眠、規則正しい食生活の維持、ポジティブシンキング、自分にとって快適なリズムで活動する！　ということが大切です。

また、長所も短所もひっくるめて、ありのままの自分を無条件に愛し、受け入れ、自己価値を認め、よろこびに生きることです。それは、まさに神様があなたにしていることです！

とはいうものの、ありのままというのは、なにも、「悪いところがあってもいいよねぇ〜。ありのままでいいんだもんねぇ〜」などと、あさはかにとることではなく、「ああ、わたしにはそういうよくないところもあるんだなぁ」と気づく人でいるということです。そして、気づいたならば、より良くなるために〝自分を更新させる〟という、そんな謙虚さを持つことが大切だということです。

また、本来、与えられている自分の中にある何かしらの才能の芽を育《はぐく》めるよう、自分にひろく大きく可能性を与える生き方をすることです。

そして、**これが一番肝心なこと！　それは、自分に、つらいことや、痛いこと、悲しいことや、苦しいこと、耐えられないことを、強いるのをやめることです！**

魂は「痛み」にとても弱いもので、つらさの限界キャパを超えると、自分と分離しはじめます。すると、「心ここにあらず」「生きているのか死んでいるのかわからない」というような生き方になってしまいます。

自分をつらい方向へ追い込まないようにし、自分が自分をうまく助け、ちゃんとかばえる生き方をすることを、絶対に忘れてはいけないものです。

というのも、他人がいくらあなたをいたわっても、自分が自分をいじめていたら、この人生、なにもよくならず、魂は救われないからです！


たとえば、それは、くたくたに疲れてから自分を休ませるのではなく、疲れる前に休ませてあげるとか、そういうことかもしれません。

また、眠いのに無理に深夜まで仕事や用事を自分にさせるというのではなく、早く自分を寝かせてあげるということかもしれません。また、いやな人たちとつるんだり、いやな行事にしかたなしに参加するとか、そういうことも、やめさせてあげてもいいのかもしれません。こういったことは、自分を甘やかすというのとは、違います。


人は、疲れる前に休息をとれば、回復が早いものです。しかし、疲れ切ってから休息を与えても、回復するのには多大な時間と努力がいるものです。

また、いやな人たちや、不本意な出来事とかかわらなければ、ごくふつうに平和でいられ、問題やトラブルに巻き込まれることもないものです。

それがどんなことであれ、程度の軽いうちに、自分をケアしたり、救うくせをつけておくと、自分が自分をつらい状態に追い込むこともなくなります。

それがどれほど大切なことかを、人は自分が前に進めなくなったり、倒れたり、病気をしたり、問題やトラブルに巻き込まれてから思い知るものですが、そんなつらいことを思い知るために、あなたは生きているのではないわけです。

人は、みんな、ふつうの軽さで、大きく幸せになってもいいのです！　そのとき、わざわざ免疫力を高めなくてはならない理由もなくなることでしょう！

運の「免疫力」を高める！

いい加減、よくない流れから抜け出し、〝幸運の流れ〟に入りなさい

ここでは、「運の免疫力を高める」方法についてお伝えしましょう！　運を守るためには、そこにある〝流れ〟をよくみる必要があります。

たとえば、何かをしているとき、その中で、人とのかかわりや、物事の進行がスムーズであれば、そのまま「ＧＯ！」のサイン！　そのペースで、そのメンバーで、そのやり方で、いまこそどんどん前進するときです。

物事がスムーズに進むときは、いつでもそこに〝幸運の流れ〟が生まれている証拠だからです！

逆に、なにかをやろうとしているのに、人と連絡や約束がとれなかったり、物事が

いちいち停滞しがちであったり、チョコチョコ問題が出てきて、なにかとスムーズにいかないのは、悪い流れの中にいるというときです。

そういうときは、時期を変えるか、人を変えるか、やり方を変えるかするためにもいったんストップさせることです。いったんストップさせることで、それまでそこにあった流れを切り替えるチャンスが生まれるからです！

それなのに、いったんストップさせずに、そのまま流れの悪い中で、なにかを強引に進めようとすると、その物事は成就せずに終わります。悪い流れの中でどんなにあがいても、何も良くなりません。

覚えておきたいことは、スムーズなときは、「青信号」だから、進んでいい！　スムーズでないときは、「黄信号」か「赤信号」だから、注意し、立ち止まりつつ、様子をみながら、進むか、いっそ、立ち止まることです。そして、自分の気持ちや、かかわる人や、とるべき方法、時期をずらしたり、変えることで、いったん、それまであった形を完全に、自発的に壊すことです。すると、流れを悪いものから良いものへと切り替えられるチャンスをつかめます！

こういうことを、わかっているだけで、運の免疫力のつく人になり、物事をうまくいかせる名人となります！

運の免疫力のない人は、ちょっとのことでうろたえて、あわてて、なにかをごり押ししようとするから、幸運の流れに入りにくく、本来、うまくいくものも、早いところでおじゃんにしがちになるものです。

さて、もうひとつ運の免疫力を高めるために覚えておきたいことは、「いいときには、両手放しでよろこばず、静かに丹田《たんでん》でよろこぶこと！」です。

いいときに、やった！　やった！　とそのよろこびに有頂天になり、浅はかに人に言いふらすと、魔が入り、嫉妬《しっと》やねたみの対象となり、足を引っ張られるものです。するると、運が落ちやすくなります。

しかし、謙虚に、静かに、感謝して、丹田でよろこび、自分を本当にわかってくれる人とだけよろこびを味わうことで、〝もっとがんばろう♪〟と、本当の実力を発揮し続けていけるものです。そのとき、魔は入ってこられず、神様の祝福とさらなるサポートが現われます！

そして、逆に、悪いときは「身をかがめ、次にジャンプできるチャンスを待ち、必要な準備をしておく」ということです！

なにがあろうが、「この人生、いいときもあれば、よくないときもある。いろいろあってあたりまえ！」と心得ておけば、そのときの状態の良し悪しに、いちいち、一喜一憂したり、騒ぎ立てたりすることもなくなります。

そういう、〝腹のすわったあり方〟ができるようになると、運の免疫力がついた証拠！

さて、最近なにかと、テレビでも、「免疫力アップ！」の話題が多いもの。

しかし、**「免疫力を高める」ことよりも、実は、大切なことがあります。それは、「免疫力を落とさない」ことです！**

そのために大切なことは、「心の持ち方」が重要！　だと、わかっておくことです。

それが、人生を動かす原動力となるからです！

それゆえ、くよくよしない、心配ごとについてあれこれ思いわずらわない、取り越し苦労をしない、不安や恐れと仲良くしない、なにかを悲しみすぎない、ふさぎ込まない、憂鬱《ゆううつ》にならないことです。また、他人や何かにむやみに腹を立てない、イライラしない、いちいちキレない、怒らない、不平不満をため込まないこと。

とにかく、自分の気持ちをダウンさせない、汚さない、乱さないことを大切にしてみてください。

どんなに「免疫力をアップする！」と、良いことを実践していても、同時に、なにかと免疫力がダウンすることをしていたら、意味がないからです。

人生まるごと、高い免疫力をたずさえ生きている人は、ココロとカラダ、運気と魂を、自発的に、ポジティブに、ベストコンディションに整えているもの！

なにもしないデーにする♪

あえて、なにもしない☆
ボーッとする時間は、無駄ではなく、宝物！

働きすぎの日本人。誰もがやるべきことに追われ、好きなこともできないほど、仕事や家事や雑用に追われる忙しい毎日の中にいることでしょう。

だからこそ、ひとりでいるときくらい、ただ、ぼんやり過ごすだけの「なにもしないデー」にしてもいいのです♪

とはいうものの、「なにもしない！」と決めたはずなのに、女性は家の中にいると、家事や用事を思い出し、なにかをやらないと気がすまない感じになっていくもので、あれこれ動きがちになってしまうものです。

しかし、それでは、たとえ、まる一日、休日を与えられていたとしても、なかなか心からくつろげません。

「今日は、なにもしないデーだぞ！」と決めたなら、本当になにもしなくていいようにしましょう♪　といっても、これは、あなたをたぶらかすためでも、なまけ者にするためでもありません。

あなたが、心と体と魂を完全にくつろがせ、休養させ、再び元気にパワフルになるためです！

とにかく、自分を完全解放する日を持つことは、とても重要なこと！

そもそも人間は、心身にたっぷりの休息や休養を与えられずにいると、日常的に受け続けている緊張やストレスはたまり続けることになり、頭は混乱し、心は疲れ果て、体は機能不全に陥りやすくなるものです。そして、魂は、みるみるエネルギーを失います。

やわらかく、しなやかに、〝壊れない生き方〟をするためにも「なにもしないデー」は、最低毎月一回、手帳かカレンダーに印をつけておいてもいいくらいです！

ちなみに、家庭内・外の人間関係にかかわらず、人が、ぎすぎすしたり、ちょっとしたことで腹を立てたり、なにかと言い争ったり、ケンカをしたり、事件になったりするのは、自分に充分な休息を与えず、癒していないからかもしれません。

疲れやストレスがたまるばかりで、うまく休息がとれないとき、人は、疲弊してしまい、バランスを崩しやすく、起こさなくていい問題や病や事件を起こしがちになるものです。自分が癒されていないから、自分にもまわりにも優しくなれず、なにかどこか攻撃的にもなるわけです。追いつめられるということでしょう。

もし、自分がちょっとしたことで、怒りがちになっているのを感じたら、「なにもしないデー」を持つことで、即刻、自分を休息させ、癒し、救うときだというサインです!

さて、「なにもしない!」と決めていても、家にいると、誰かが用事をふってきたりして、動かざるをえなくなります。そうでなかったとしても、仕事が気になり、電話やメールに向かったりしてしまいがちに。

それゆえ、わたしの場合、「なにもしないデーにする♪」と決めた日は、それを家族に伝えて、家族には「自分のことは自分でするデー」にしてもらいます（笑）。まぁ、子どもがもう大きいから、叶えられることですが。

子どもがまだ小さいという方は、旦那さんや、実家のお母さんや、姉妹にでも、協力してもらうのもいいでしょう。「今度、おいしいランチをごちそうするから！」「次は、あなたにも、なにもしないデーをあげるから♪」と、頼んだりして。そして、助けてもらったら、「ありがとう」の感謝を忘れずに。そして、今度は、相手にも、「あなたも自由な一日をどうぞ♪」と、そんな日をあげましょう。

ときには、完全に解放されるべく、ホテルに籠《こも》ってみるのもおススメです♪

食事はルームサービスにし、ベッドの上でゴロゴロしたり、バルコニーに出て景色を眺めたり、雑誌をぺらぺらめくるなどして、ホケーッと過ごすのです。好きなことをあれこれ考え、楽しい空想の世界にひたるのも、いいでしょう。

この長い人生、「完全休息」となる日が、たとえ一日でもあるのとないのとでは大違いで、自分の回復力も、運の回復力も、まったく違うもの♪

そういった日を、一週間に一度なのか、一か月に一度なのか、何か月に一度つくれるのか、人によって違うでしょう。

けれども、たった一日でも、すべてから解放され、リフレッシュできたら、より良い変化は得やすいもの！

ひとりで、たっぷりくつろぎ、ボーッと過ごしていると、人は自然に、ふつふつと、なにかいいことが閃《ひらめ》いたり、次の楽しみを思いついたりするからです♪

また、なにもしないまま、「あり余る時間」を過ごしていると、どんどん退屈になってきたりもして、むしろ、〝なにかをしたい！〟という衝動にかられ、エネルギッシュな自分が生まれ、有意義なことに積極的に動きたくなったりするからです。

それは、まさに、「なにもしないデー♪」の効果・効能のおかげであり、良いエネ

ルギーが充電され、自己の内側に満タンにパワーを確保できた証拠です！

そういう目には見えないけれども、確かにあるエネルギー反応が、なにもしない自分から、なにか有意義なことをやりたいという自分へと、ポジティブに整えてくれます。

そして、そういうエネルギー反応が、「興味と欲求と好奇心に満ちた刺激的な日常」へと、あなたを運ぶきっかけとなり、より高い幸福や奇跡のような日常を、叶えさせてくれるものとなるのです！

Chapter 2

金運を整える☆
一生お金に困らないために

あなたの心の豊かさで、
すんなり「リッチライフ」を惹き寄せる！

趣味に没頭してみる

ただ、〝楽しいことをする〟だけで、豊かになっていく☆
その理由とは⁉

本当の意味で豊かになるには、「ただ、楽しいことをする♪」という時間を持つことも、必要だったりするものです。

毎日、しなくてはならないことにばかりかかわったり、追われたりするばかりでは、心も体ももたないし、魂も枯れてしまうからです。

ときには、夢中で楽しめることや、前からしたくてたまらないことをやってみるといいでしょう。

趣味や興味や欲求に、子どもの頃のように、無邪気にかかわることで、遊び心満点のユニークな日常が生まれます♪

たとえば、趣味の習い事をするというのもいいですね。その際には、たいがい、3つのパターンがあります。

ひとつは、「家にいても暇だから、なにかやろうかなぁ」という〝時間つぶし〟にやるもの。

2つめは、「前からやりたかったことだけど、時間がなかったからこれまではやれなかったけれど、時間に余裕ができたから、やりたい！」という〝欲求を満たす〟もの。

3つめは、「趣味と実益をかねて、これをやっておけば、後々なにかしら役立つことやビジネスになるかもしれない」と、〝その後の利益展開〟までも考えてやるというものです。

そして、ここでおススメしたいのは、「ただ、それをしているだけで楽しい！」「こうしている時間が至福の時♪」「これにかかわると、無条件にうれしい！」というものです！

貴重なひとり時間をわざわざ使うというのなら、利益や暇つぶしもいいけれど、〝自分が満たされるもの〟のほうが、本当の意味で、有益なのかもしれません。

〝ただ、そうしているのが楽しい♪〟という時間の過ごし方が、あなたの心を癒し、体をゆるませ、魂をよろこばせ、前向きにし、なにかを成す人にしてくれるものとなるからです！

ちなみに、わたしの場合、まだ主婦の頃、妊娠中に気分転換のつもりで、趣味で始めた「通信教育」の作詞講座がおもしろくて、熱心に作品を提出し、添削指導を受けていたことがあります。そうしたら、何回目かの作品を提出したとき、「才能を感じるごくわずかな人への特別なご連絡です」とレコード会社のプロデューサーからお声がかかり、大きなチャンスをもらったことがあります。

いま現在、わたしは本の世界だけでなく、音楽の世界にもかかわり作詞の仕事もしているわけですが、それは、まさに、主婦の頃に〝おもしろそう♪〟と、興味を持った〝趣味の習い事〟がきっかけでした。〝気持ち〟が呼び込んだ現実です！

ただ、素直に興味を持って、よろこんでかかわるからこそ、おもしろいことも起こるわけです。

はじめから何かを狙ったところで、うまくいくかどうかわかりません。が、自然にやったことは、自然な流れで、人生に大きな恩恵をもたらすこととなります。

そして、それがきっかけで天職となり、大きな報酬を生み出し、自分を何者かにしてくれるということは、実際にあるのです！

好きなことを、仕事にする

好きではないことを続けていたからこそ、好きなことの良さもわかる

あなたが好きなことによろこんでかかわるとき、あなたの不本意な人生を、本望の人生へ、より豊かな方向へと、整えることがかんたんになります。

また、あなただけでなく、まわりの人にも、好きなことをする楽しさや、豊かさや、良い影響を与えたりし、その人たち自身の人生をも、より良く整えていくものです。

好きなことをして、キラキラ輝いて生きていると、「わたしもそんなことをしてみたい！」「あなたの楽しげな生き方を見習いたい♪」という人が、あなたのそばに、わくわくしながらやってくるものです。

また、あなたが好きなことを仕事にし、成功し、そこから大きな報酬を手にするようになると、「あなたにあやかりたい！」「そんなふうになりたい♪」とあなたに憧れ

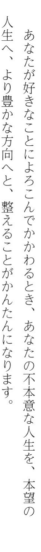

る人や、「あなたにならお金を支払っても、なにかを教えてもらいたい！」と、夢を持ち、あとに続く人たちも、たくさん集まってくるものです。

そのとき、あらゆる方向から人やお金や豊かな富や幸運が、自然にあなたのところにやってきます！　好きなことを通して、成功するとき、あなたの精神とエネルギーが高まり、存在価値を高めるからです！　今世、自分がここにいることの尊い意味を知り、感謝でいっぱいになるからです！

さて、ここでは、〝好きなことから天職を得た〟Yさんのエピソードをお伝えしましょう！

彼女は、それまでしていたあまり好きではなかった仕事に疲れ果て、会社を辞め、ずっと家に閉じこもったままの生活をしていました。

しかし、あるとき、とてつもなく大きな不安におそわれ、「このまま、こうしていたら、心も体も、生活もすさんでしまう……なんとかしなきゃ」と思ったのです。

しかし、だからといって、すぐに仕事を探す気分にはなれずにいました。

そこで彼女は、自分を元気にすべく、また、復帰のためのウォーミングアップのためにと、大好きなダンスを習いに行くことにしたのです。

それは、彼女にとっては、〝ただ、そうしていると楽しいかも♪〟という理由で。

その教室は、家の近所にあり、徒歩で通え、本当に気楽に行けたのです。

心地よい音楽にあわせてダンスを踊っていると、いやなことのすべてが、体の中から吹き飛ばされていくのがわかりました。いつしか悩みも消え、心は軽くなり、毎回、その時間が、待ち遠しくてしかたありませんでした。

そして、ある日、教室の先生から、こう声をかけられたのです。

「あなたの踊る姿は、イキイキしていて、本当に楽しそうね♪　見ていると、こちらが元気になるわ！　あなたのような元気なエネルギーがうちには必要かもしれないわ。ねぇ、確か、あなた、いま、仕事をしていないのでしょう？　もし、よければ、わたしの教室のサポートをしてくれない？

楽し気に踊るあなたなら、きっと生徒さんもよろこんでついて来てくれるはず！

実は、来月にはもうひとつ教室を出す予定で、わたしはそこに集中したいと思っていたの。それで、もしよければ、ここをあなたにおまかせしたいの。考えてみてくれない？」と。

思ってもみなかった申し出に、彼女は、一瞬、驚きました。が、すぐに「ぜひ♪」と、それを引き受けることにしたのです！　なんといっても、大好きなダンスを毎日踊れるというのですから！　それに、これといって、このあとの仕事も決めていなかったこともあり。

こうして、彼女は、ただ、好きでやっていただけのダンスにより、心と体を癒し、整えただけでなく、新たな才能を光らせ、人生そのものを癒し、整え、一新できたのです。そのとき、願ったり叶ったりの素敵なチャンスと仕事が自然に目の前に現れたのです！

お金が充分ある生活！　を叶える♪

お金を持つために、かわりに捨てたいものがある☆
その、お金の習慣

この人生を豊かに整えるには、心の豊かさがカギです！

ここから、お金が充分ある生活をしたいというのなら、まず、肝心なことは、心の豊かさをダイレクトに映し出す「口ぐせ」を豊かなものに整える！　ということです！　あなたの心のエネルギーは、口にする言葉によって、強められ、拡大します！　それゆえ、豊かな言葉を使うことが大切なのです。

まずは、「お金がない！」という、口ぐせを捨てましょう！　かわりに、「お金は充分ある！」「あるから、大丈夫！」という豊かな言葉を、持つことです。

なにかにつけ、「お金がない！」と口にする習慣が、〝お金のない現実〟をこしらえ、あなたを貧しくしてしまうのです。これは、理屈ではなく、法則です！

あなたの中の無意識の領域（潜在意識）に刻まれたものには、強制力があるので、いやがおうでもそうなってしまいます。

逆も、然り！ です。「お金は、ある！」というのを習慣化すれば、いつしか、お金があり余る生活になっていきます。


口ぐせは意識を変え、意識は波動（エネルギーの微弱振動）を変え、波動は現象を変えるものだからです！


ないときでも、「まだこれだけお金はある♪」「これだけあれば、なんとかなる。大丈夫！」というようにするだけで、あなたはお金のピンチからの緊迫感から解放され、お金のことでいちいち混乱しないようになります。

そして、落ち着いて自分の経済についてみつめられ、肯定的にそれについて考えられ、良い策を打ち立てられ、お金の工面や必要な行動を正しくやれる人になれます。

もっともおススメなのは、「お金は、うなるほどある♪」というのを口ぐせにし、そのつもりで豊かにふるまうことです。

不思議なことに、「ない」ときでも「お金はある！」と言い切るようにするだけで、思いも寄らないところから、突如、お金を惹き寄せたりするものです。それは、その瞬間、あなたの波動が切り替わり、状況が切り替わるチャンスが生まれるからです！

さて、「お金がない！」と言いがちな人は、お金を受け取ったときでも、「このお金もまたすぐに出ていくだろう」「どうせ、手元には残らない」などと勝手に決めつけ、いまやってきたお金にさえ文句を言い、出ていく心配やなくなる不安ばかり大きくさせるという、くせがあるものです。この際、そういうものも、捨てましょう！

たとえ、一時的でも、自分がそのお金を受け取らせてもらえたのなら、そのお金を明るく歓迎し、よろこびましょう。その金額の大きい・小さいは関係なく！

そうすれば、これまでよりも、お金はあなたの手元に長くとどまることになるか、出ていったとしても、またすぐにお金はあなたのところに戻ってくるようになります♪

「口ぐせ」が、貧しいものから、豊かなものに変わるとき、あなたの心もエネルギーもすっかり変わっているものです。

「口ぐせ」が変わるということは、もうそれ以前の思考は、自分の中にはないということです。そして、思考が変わると、そこからイメージするものも変わり、イメージするものが変われば、その人の波動も変わり、波動が変われば、現象化されたこの現実もちゃんと変わってくれます！

そう、すべてはその口ぐせにみあったものになるのです！

金運を整えるアクション♪

お金は絶対、夜に数えてはいけない！
金運を一新する方法とは⁉

豊かな暮らしを送るために、ひとりの時間にしておきたいことは、金運を整える3つのアクションです！

それは、「お金は朝数える！」「通帳も朝確認する！」「家計簿つけは陽の落ちないうちにやる！」というものです！

朝は、「物事の始まりのエネルギー」＝〝陽気〟に満ちているので、あなたの気分を明るく、高めやすく、あなたとお金の関係に、新しいエネルギー、明るい展望を、もたらしやすくなるからです。

朝はその〝陽気の作用〟のおかげで、陰気になりにくく、それゆえ、たとえ、お金の問題を抱えていたとしても、必要以上に落ち込まず、「なんとかしよう」という、前向きな気持ちで工面について考えられ、お金を生み出すヒントやチャンスを閃きやすいもの！

また、実際、誰かやどこかに何かお金のことを相談しようとしたときにも、日中なら、連絡できる人や機関、つながる時間や状況も、つかみやすいものです。

ちなみに、お金のない人に限って、夜遅くにお金を数えたり、夜寝る前にみけんにしわを寄せて通帳とにらめっこしたり、夜通しお金の工面に苦悩し、朝絶望して目覚めるものです。

夜は陰の気が強まるので、ずるずると自分の気持ちも陰気に、暗く、なりやすく、お金をさわるのにはふさわしい時間とはいえません。

できれば、**お金の算段をするならば、午前9時から夕方16時までにしましょう。16時までが金運を養うピークです！**

しかも、夜、お金を数えたり、さわったりすると、「盗人《ぬすっと》が来る」とも言われており、縁起もよくありません。夜、みんなが寝静まるときに用事があるのは、〝魔物〟と〝盗賊〟くらいだけだからです。

それゆえ、夜のお金の取り扱いには、「くれぐれも、用心する必要がある」ということなのです。

といっても、夜、お金を数えたら、誰かに盗まれる！　ということではありません。実際には、「いらないもの」「余計なもの」「不本意なもの」「不要な臨時の出費」にお金が奪われて、自分の楽しみに使えるお金が残らないということです。

人は、自分のよろこびや楽しみのためにお金を使えて、初めて〝満たされている♪〟と感じられるものであり、〝お金がある豊かな生活〟を実感できるものです。

不本意なことでばかりお金が出ていき、そのせいで、働いても、働いても、好きなものも買えない生活、旅行にも行けない生活になるから、みじめになり、貧しい気持ちになり、「うちには、お金がない！」という、貧しい状況に至りやすいわけです。

そんな気持ちや欠乏感を抱いていると、なぜか、病院代や薬代や誰かの冠婚葬祭や、会社のつきあいでばかり出費が増えたり、給料日前やボーナス前に、突然、冷蔵庫やクーラーが壊れて、貯金を引き出さなくてはならなくなったりするわけです。

この人生で、自分のために、家族のために、誰かのために、よろこばしく使える豊かなお金をしっかり持つためにも、陽気で心を明るく整え、新しい金運をハッピーに、リッチに、創造しましょう！

お金をくつろがせる

お金にやってきてほしいなら、
それ相当に「もてなし」が必要！

お金が自分のところにやってきてほしいというのなら、もてなし方を整えましょう！　それは、あなたの家の中で、「お金の居場所を確保する」ということであり、これは、極めて大事なことです。

さて、あなたは「お金」を家のどこに、どのくらいのスペースを設けて、置いていますか？　また、お財布や通帳や印鑑などは、どこに？　仕事の契約書や保険証券、年金手帳は、どうでしょうか？

金運のない人は、たいがい、お財布や通帳や印鑑をキッチンの引き出しに入れがちなものです。あるいは、どこかのお菓子の箱やカンカンに入れてタンスの上に置いているものです。そして、そういうアクションが、まさか自分の金運を乱し、落とすものになっているとは、夢にも思っていません。

ちなみに、キッチンのテーブルの上や食器棚の引き出しに、お財布や通帳や貯金箱を置いていると、水の作用で、湯水のごとくお金がどんどん流れ出てしまいます。

お財布や通帳の置き場は、キッチンではなく、寝室や仏間などに設置した〝金庫〟に入れる！　といいのです。

大きな金運を生み出したいと、本気で思っているのなら、家庭にも、「金庫」を用意しましょう♪　その際、必要なのは、小さな手提げ金庫ではなく、で～んと置ける、金庫です！

考えてもみてください。洋服には大きなクローゼットがあり、食べ物には4ドアの最新冷蔵庫があり、食器には食器棚が、宝石にはお姫さまのような美しい宝石箱があるわけです。

それなのに、「お金」だけ、それをしまうちゃんとした場所がないというのは、いかがなものでしょうか？

「我が家にそんな場所はない！」というのは、「お金」を意識していない証拠であり、金運を放棄したあり方です。しかも、無意識に！　それは、ある意味、恐ろしいことです。無意識の領域で、お金を放棄していたとしたら、お金があなたのところにやって来ることができないのも、当然のこととなるわけですからねぇ～。

あなたの家に、〝お金をしまうちゃんとした場所〟＝お金さんの居場所もないのに、どうしてお金は、仲間を連れてあなたのところにやってくることができましょう。どうして、あなたの家で長居できましょう！　お金さんにとっては、そんな家は、居心地が悪くてたまりません。

場所がリザーブされていなければ、来るものが来ないのは、当然のことです。

「うちには、お金さんが、やって来ないわねぇ～。なぜかしら、おかしいわねぇ～」というのは、そういうことです！

お金にやって来てほしいなら、それ相当に「もてなし」が必要！　だと、わかっておきたいもの。

そして、あとひとつ、もてなしついでに、用意しておきたいものがあります。それは、10桁以上の電卓です！　あわよくば、宝くじでも当たって、億万長者になりたい！などと夢見ているというのなら、せめて、それくらいは持っておくことです。

8桁の電卓では、千万単位だけで、1億円以上の計算は、できませんからねぇ〜。1億円は9桁です。ゼロだけで8つですよ！　自分が望むお金の桁にも、気をつかいたいもの！

〝捕らぬ狸の皮算用〟でもいいので、大きな金額の入金を想定して、電卓をぱちぱちはじいてみてください。「夢のような贅沢《ぜいたく》な暮らし♪」の計算ごっこは楽しいもので、夢がどんどんふくらみます。お金を呼ぶときには、こういったお遊びも効果的！

そもそもお金は、自分の中のクリエイティブなエネルギーで換金されるものであるがゆえに、お遊びの中の想像が、創造の素となり、やがて本物のお金があなたのところにやってくるようになるわけです！

お金が寄ってくる☆貯金の魔法

あなたがお金を追いかけるのではありません。
あちらが来るのです♪

金運を整え、確実にリッチになっていく方法は、ズバリ「貯金」です！　それは誰にでも実行でき、いくらからでも叶えられる、素晴らしいシステムです。

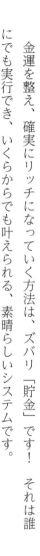

手始めにやりたいのは、収入の「1割貯金」をすること！　30万円の給与なら3万円を、20万円の給与なら2万円を、15万円の給与なら1万5千円を！　パートで10万円しかもらっていないとしても、1万円貯金すれば、必要なものに使いきって、すってんてんになるよりは、ましです！

給与から毎月自動的に引き落とされる積み立て貯金などの金融商品にしておけば、知らないうちにお金は貯まっていくものです。それは、貯金が続かない人にとっては、ありがたいサポートです！

そして、**1割貯金で給与2～3か月分くらいのお金がたまったら、次は、2割貯金、3割貯金へとシフトしましょう！　貯金が殖えるほどに、ふところはあたたかく、心はルンルン軽いもの♪　ホットでいられるもの！　逆に、ふところが寒いと、心はずっしり重いもの。**

さて、この誰にでもできる「貯金」というシステムは、よろこんで自発的にやる人もいれば、やらない人もいるものです。やらない人の言い分は、こうです！

「そんな、貯金だなんて無理よ。だって、低い給与で毎月カツカツなのに、どこに貯金の余裕があるかしら!?」と。

しかし、本当でしょうか？

給与の額に関係なく、貯金をする人は、するものです。それは、お金を大切にしたいという気持ちがそうさせるのかもしれません。「余裕を持って暮らしたいから、貯金でもしておこう」という、その気持ちの余裕が、その人を豊かな方向へと導くのです！

覚えておきたいことは、あなたが働いたことで、給与が入ったら、そのお金はまず真っ先に、自分に支払ってあげるべきだということです。「今月も1か月ごくろうさま♪」と。そうでないと、あなたは〝お金を最初に受け取る豊かな人〟でいることから、遠のいてしまいます。

お金に困りがちな人は、「給与で先に必要な支払いを済ませて、余ったら貯金できるのに」と考えていて、たいがい知らないうちに、どっちでもいいものにぜんぶ使ってしまい、余ることがなく、それゆえ長いこと貯金できない習慣の中にいるものです。

そんなことでは、あなたは大家さん、電気屋さん、ガス屋さん、電話屋さん、税務署さん、洋服屋さん、飲み屋さんのために働いているようなもの。右から左にお金が移動しているだけです。あなたの手元に残っていません。

自分より先に支払わなくてはならないところが増えるほど、あなたの生活は困窮するわけです。

あなたが自分のために先にお金を確保し、そのおかげで貯金が増えることの「いいところ」は、あなたの精神や生活がかんたんに安定し、人生が豊かに整いやすいということです！

いつでも、お金は、「自分の価値をわかってくれる人」「自分を好きで、手放したくない！　と、そばに置いてくれる人」が好きで、「よろこんで自分を迎えてくれる人」のところに優先的に行くのです。お金は、〝安定している人〟のところに流れていくものです！

そして、貯金習慣の中、蓄えが殖《ふ》え始めると、あなたはすごい法則に気づくことになります。それは、〝お金を持てば持つほど、さらに大金が自分のところに雪崩《なだ》れ込んでくる！〟ということです！

お金は、さみしがり屋なので、仲間の大勢いるところに、寄りたがるからです！

与えて受け取る☆マネー・マスターになる

財産ゼロからでも、何度でも富を築ける☆その究極の方法とは⁉

お金がまったくないゼロの状態からでも、どん底からでも、何度でも、いくらでも、立ち上がり、富を築ける人というのは、成功本の物語の中には、たくさんいるものです。

そして、この現実の身近なところでも、社会的な不景気のあおりを受け、大きな赤字や倒産を経験しても、不屈の精神とパワフルな行動力で、ふたたび黒字にしたり、新会社で復活したりする人はいるものです。

そういうのを、自分とは関係のない〝特別な人の話だ〟と、思う必要はありません。あなたにも同じことができるからです！　というのも、人間としてこの身についている機能は同じだからです。

ただ、ひとつ、違うことがあるとしたら、彼等は、「想像力」に長《た》けていたということです！　また、その想像を現実にするための「創造力」がすごかったということです。

そして、その「想像力」と「創造力」によって、生み出したものを、人さまや、社会に、〝与える力〟が大きかったということです！

もし、あなたが、ここから、自分の金銭事情を整え、より大きなお金を手にし、本当に豊かな人生を叶えたいというのなら、「与える人」になることです！

「与える人」こそ、「受け取れる人」だからです！　また、それこそがゼロからでも、何度でも富を築く、究極の方法となるものです。

わかっておきたいことは、いつでも、率先してより多く与える人が、優先的により大きく受け取れる人になるということです。

そのために、実践したいことは、お金に困っているときほど、自分の中から、アイデアやプランや智慧をたくさん出し、外側の世界に与えなさい！　ということです。

お金に困っているとき、ただ、やみくもに、「困った、困った！」と、うろたえるのではなく、ここから何ができるのか、いまどんなことなら可能なのかを、あらゆる角度から、いろんな方向から考え、智慧《ちえ》をふりしぼるのです。そこから出て来た閃きやアイデアを、あたたかいうちに料理し、創意工夫し、形になるように整え、それに値段をつけ、然るべきところに売るなどするのです。

あなたが、アイデアをひとつ形にし、それを人さまや、社会に提供するとき、それをみつけた人や、ほしいという人が、対価を支払って、あなたからそれを買うことになります。

そのとき、大切なことは、「この状況の中で、自分と同じように困っている人が他にもいるはずだ」「不便に思っている人がいるはずだ」「助けが必要な人がいるはずだ」だからこそ、〝なにか役立つものを！〟と考えてみるということです。

そうやって、誰かや、何かのためになるものを提供した人が、与える人であり、受け取る人となるのです！

こういうことをお伝えすると、「そんなアイデアなど、わたしには出てきません。

こんなつらいときに、何もできません！」と、自分の頭すら、ひねろうとしない人がいるものです。

そうやって、頭で何かを考えるのも惜しいと言う人に、一体、誰が何を与えられましょう！

ちなみに、〝貧しい〟とは、自分の中にある良きものを出し惜しみすること。

さて、毎年、長者番付の上位に出てくるある成功者は、自分の会社の社員にはいつもこう言っているといいます。

「稼ぎたいなら、頭を使え、智慧を絞れ！　頭を使いたくない、アイデアはない！というのなら、とにかく、動け！　頭を使うのも、体を使うのも、いやだという奴はいらない！」と。

あなたの中には、与えられる素晴らしいものがたくさんあります！　その自分の中にある良きものは、いつでも、人さまや社会やなにかの役に立ちたがっていて、それが叶ったお礼にと、富となって、あなたのもとに返ってくるのです！

先日、セッションに来られたある女性は、40代で2歳の子どもがいるシングルマザーでした。貯金もなく、できる仕事もないと泣いていました。しかし、わたしが、「あなたにできることは何？　きっとあるはずよ、それを教えて」というと、最初、「何もありません」と言っていました。しかし、「あるはず！」ともう一度聞くと、「人の話を聞くのは好きです。それなら、何時間でも、聞いてあげられます」と答えてくれました。「それよ！　それでいいの。それを与えましょう！」

そして、彼女は、60分5０００円のお話し聞き屋さんになりました。それだけで、彼女らしいビジネスが整い、顧客が生まれ、必要なお金を手にすることになったのです。

Chapter 3

精神を整える☆
気づきと学びのために

ちょっと賢い自分になって、
もう少し、いい生き方を叶えてみる

気になることを調べる♪

自由に、スイスイ、「ネットサーフィン」で、すごい宝物をつかむ！

気になることは、ひとりの時間に、コーヒーでも飲みながら、ほっこり、気楽に、調べましょう。納得いくまでやれるもの！

たとえば、買いたいものや、習いたいもの、行きたい店や、就職先やパート先など、あれこれ調べているうちに、より良いものやうれしいもの、より価値あるもの、さらに理想的なものに、出逢《であ》えることは多々あるものです。

また、ネットサーフィンなどをしているうちに、その時点までまったく知らなかったもののところまで導かれ、意外な良いものや、まさに知るべきだったすごいものにつながり、「おお!! こんなものがあったのか！」と感動することもあるものです。

とはいうものの、なんでもかんでも得た情報をそのままどっさり抱え込む必要はありません。

それが本当に、「ほしい情報」「必要な情報」「自分に役立つ情報」なのかを見極め、うまくセレクトすることが大切です！

ちなみに、**自分にとって正しく、得て然るべきもので、自分のためになる良いものは、たいがい、それに出逢ったとき、パッと目の前が明るくなったり、わくわくしたり、ラッキーな発見だ！　という、うれしい感覚があるものです。**

逆に、どこかに嘘や故意なるものや、間違った情報、自分にとってあまり良くないものの場合は、それをつかんでも、気持ちが動かなかったり、いまいちであったり、胸がつまったり、不安が表われたり、他になにかもっと良いものをちゃんと探してみたい！　という気がするものです。

大切なことは、自分にとっての〝真実〟をキャッチすること！

手にしてもいい〝真実の情報〟には、多かれ少なかれ、他人を思えばこその〝人間愛〟をかもしだすものが、必ずどこかに入っています！

それは、言葉ではなくムードでわかるものであり、感覚的に「これだ！」と感じるものです。

いつでも、「ピンときたら、自分にとっての大正解！」だと覚えておきましょう。

逆に、ピンとこないものは、スルーしてもいい程度のもので、そのときの自分には不要なのかもしれません。

新たな出逢いを惹き寄せる

なにげなくみていたパソコン画面から、すごいご縁と未来を受け取る

あるとき、わたしは、家でひとりで過ごしているとき、暇な時間があったので、〝インターネット検索でもして遊ぼう〟と、パソコンの前に座っておりました。

そのとき、ふと、「そうだ！　今度、一緒に仕事をしたくなるような、新しい出版社をみつけようかなぁ～♪」と、これまでおつきあいのなかった出版社について、調べることにしたのです。いろんなキーワードを入れながら。

すると、ほんとうに、いろいろ出てくるもので、小さなところから大きなところまで、さまざまな特徴を持った出版社があるのがわかりました。また、そういったところとつながることで、自分が生み出すテーマやジャンルも増えていくだろうと感じ、

それだけで、おもしろく、わくわくしたものです。

この時点では、「暇だから、みてみよう〜」という程度のことでした。そこから、自分がどうするかなど何も考えていませんでした。

そんな中、ひとつの出版社に興味がわいたのです♪

そこは、そんなに大きな出版社ではないけれど、良い本を、心を込めて作っているというムードがあり、惹かれるテーマの本がいくつかありました。「ああ、ここことは、仕事をしたことがないなぁ〜。まっ、そのうち、つながれるといいなぁ〜♪」と思いつつ、とりあえず、気になる一冊をアマゾンで買い、読むことにしたのです。参考のためにも、と。

そんなある日、「ミラクルハッピー百貨店」というわたしのプロデュースする公式通販サイトで取り扱う商品企画の打ち合わせで、横浜の会社に行くことになりました。

そのとき、そこの社長さんと話していると、こんな会話になったのです。

「奈未先生、今日、このあと、お時間ありますか？」

「ありますよ♪」

「それなら、僕の知り合いを紹介したいんです！　最近、出逢ったばかりなんですが、気があうので、ここのところ親しくさせていただいていましてね。

いい方なので、奈未さんにもご紹介しておきたいんです。実は、今日、この打ち合わせのあとにその方がここに来るのですが、15時までは奈未さんと打ち合わせだと先日チラッと話しましたら、〝ぜひ、逢わせてほしい！〟というものですから。打ち合わせのあと、少しお時間をいただきたいのです」

「はい。もちろん、いいですよ♪」


そうして、待っていると、感じのいい爽やかな3人の男性が現われたのです。社長に紹介され、3人と名刺交換をしてみると、なんと！　それは、わたしが〝ひとりの時間〟に調べていたあの「気になる出版社」の社長と編集者と営業さんだったのです！

「えっ⁉　本当にィー」

そこで、わたしは、すぐに、こう話を切り出したのです。「そちらの出版社では、○○という本を出しておられますね。あれ、おもしろいですねぇ♪　このあいだ、それを買って読んだんですよ！　ああいうテーマ、わたしも興味ありまして」。

するると、なんと！　あちらから、こんな言葉が返ってきたのです！

「そういう類の本なら、うちは得意ですので、もし、よければ、うちでも書いてもらえませんか？」と！

まさか、あの日、なんとなく、暇つぶしで、気になることを調べたことがきっかけで、こんなすぐに、幸運の展開になるとは、夢にも思いませんでした。

いや、ある意味、それは、当然の結果だったのかもしれません。なんとなく気になっているということ自体、潜在意識の中にあることであり、わたし自身、「いつかその出版社で♪」と、書く気満々になっていたのかもしれないわけですから。

それにしても、出版とはまったく関係のない、別の会社の商品企画の打ち合わせの場で、ひとりの時間に調べてみつけた出版社の人と、こんなに早くつながるとは、本当に、びっくりしました！

ちなみに、**潜在意識（自分の中の無意識の領域＝宇宙）は、もっとも手っ取り早いやり方で、心の奥底にあるものを叶える性質もあるがゆえに、関係ないルートで、なにかひとつ成就させるということは、よくあることでもありますが（笑）。**

日頃から、気になることは、興味を持って、おもしろがって、探求しましょう！
そんなお遊びを通して、自分の中の密《ひそ》かな願いにも気づけ、新しいご縁や運命に導かれるきっかけにもなったりするのですから♪

本からエネルギーをもらう

あなたはこうして運命の一冊に出逢う！
そのときのサインとは!?

心を整え、思考を整え、生活を整え、日常から〝奇跡の流れに入っていく〟きっかけをつかみたいなら、自分にとっての価値ある「運命の一冊」を読むことです！

あなたにとっての「運命の一冊」になる、本当の意味で〝良書〟となるものには、必ず、本のどこかに受け取るべきエネルギーがあります！

そして、それゆえ、その、たった一冊で、みちがえるように自分や人生がガラッと一変することがあるもの！

その〝良書〟は、あなたの心を癒してくれるもの、勇気づけ励ましてくれるもの、つらい現実を乗り越えるヒントをくれるもの、問題解決につながるもの、精神を高めてくれるものであったりします。

また、あなたをよろこびで満たすもの、興味と好奇心を刺激してくれるもの、やる気に満ちるもの、希望が湧くもの、新しいアイデアに出逢えるもの、生きる気力をくれるものです。

あるいは、ただ、気分を明るくしてくれるもの、心をスッキリさせてくれるもの、自分をゆるめてくれるもの、愉快になれるもの、笑えるもの、自己を解放してくれるもの、人生の智慧《ちえ》となるものであったりします。

そして、魂がゆさぶられるほど感動させてくれるもの、大切ななにかに気づかせてくれるものなど、「なくてはならない人生の友」にも、なるものだったりします！

手にとった本が、あなたにとっての〝良書〟であり、〝エネルギーをくれる運命の本〟である場合、たいがい、あなたは何気なくふらっと入った書店の、たまたま通った棚のところに一冊だけしかなかった本を手にすることになるものです！

しかも、その本は、なぜか、ピカッと光っていて、たくさんの本にまじって一緒に並んでいるだけなのに、なぜか一冊だけ、他の本とは違うオーラを放ち、まぶしく輝

いています‼

それは、なにも、本の表紙が金箔《きんぱく》デザインになっているとか、カラフルだとかいう問題ではありません、〝神秘的なムードで〟光っているということです！　その光に誘われるかのようにあなたはその本の前に立つことになるわけです！

そして、「なんだろう、この本は？」と手に取って、何気なく開いたページをみると、なんと！　そこにいま、自分が求めていた言葉や答えが書いてあるのです！

「えっ⁉　どうして⁉　なんで、この本は、いまのわたしの気持ちや状況を知っているかのようなことを言っているの⁉」と、その本を持ってふるえたり、興奮したり、とんでもなく神秘的な気分にさせられたりして、思わず買ってしまうのです。

あるいは、インターネットでまったく関係のないことを調べていた流れの中で、突然、その本の存在や、著者の存在を初めて知ることになるものです。それを知ったとき、あなたは神秘的なものを感じたりもします。知るほどに自分の置かれた境遇や気持ちとリンクすることが多々あるからです！

手元で、そのようにして出逢った本を読むと、あなたは涙がとまらなくなるか、これまで疑問に思っていたことの謎がすべて解け、「わかった！　そうだったのか」と、とても納得し、ふに落ちます。その一冊を読んだことで、みるみるあなたの心はひらき、魂が輝きを取り戻し、ほしかった答えとともに、望む人生へと急激に入っていくのです！

そのとき、なぜか、シンクロニシティの中にほうり込まれ、内側の心の状態と外側の現実の不思議な偶然の一致。

それはまさに、あなたに奇跡を起こす「運命の一冊」であり、生涯の宝物となる「良書」だからです！　そこには、生きたエネルギーがあり、それこそが、宇宙からのプレゼントだったのです！

そういう一冊に出逢える人は、幸せです。そこから人生が、本来、約束されていた、高次元なレベルへと、自動的にシフトするのをサポートされるからです！

ちょっと、仏教をたしなむ♪

せめて一日だけでも尊いことをせねば！ならば、読経・写経・真言を

ひとり、精神を高める行為にひたるとき、われながら、「なかなか感心だなぁ」などと思い、まんざらでもない自分を知ることもあるでしょう。

心の修業を通して、「これからどんな素晴らしい道を歩むことになるのか♪」と、ちょっとわくわくしたりもするものです。

せめて一日だけでも、精神を整えるために、なにか尊いことをしてみたいというのなら、仏教にふれてみるのもいいでしょう。仏教とは、仏さまの教えです。お釈迦《しゃか》さま（釈迦如来《しゃかにょらい》）の教えがたくさんあります。

ちなみに、お釈迦さまがあちらの世界に帰る前に、弟子が「たくさんある教えの中で、なにを一番の教えとすればいいですか？」と聞いたところ、お釈迦さまはひとこ

と「自分がされていやなことは、人にしないことだ」と言われたそうです。ごもっとも!!

とはいうものの、いやなことをしてしまうのが人間であるわけですから、そういったことをしない、清くおだやかな心、正された自分でいたいものです。

そのきっかけをつくるのに、役立つのが、読経、写経・写仏、真言です！

まず、「読経」は、お経を読むことですが、これはなにも法事のときだけのものではありません。心の平和を叶えるために、日々、ふつうに行っていいのです。

おススメは、「般若心経《はんにゃしんきょう》」。わずか300文字足らずの短いものですから、5分くらいで読めます。

また、愛と慈悲のあふれる「観音経《かんのんきょう》」は読むほどに、心がやすらぐのはもちろんのこと、あらゆる「ご縁」が正しく整い、運気が上向きになる、そんな不思議な功徳《くどく》力を感じずにはいられません。

そして、わたしが高野山真言宗のお寺さまで得度《とくど》したときから、日々、おつとめしている「理趣経《りしゅきょう》」は、すごいもの！

これは、「仏教」（仏の教え）ではなく、「密教」という、人も仏もすべて含めた宇宙の教えともなるもので、ありがたき恩恵と高いご霊験、魂の次元上昇、人生飛躍の魔法、奇跡を起こす高次元パワーに満ちているのを感じます！

ちなみに、得度式のあと、師匠の大阿闍梨《だいあじゃり》さまに、「この理趣経は、なんという意味のことが書かれているのですか？」と聞くと、「意味を頭で知るのではなく、何度も何度も何度も読んで、その身ですべてを受けなさい」と言われたほど、かんたんに意味を知れるものではない、奥の深い教えです。

意味を書いた文字だけ読んで、「ああ、そんなことか」と口で言うのは、かんたんですが、そういうものではないのです。

どんな教えも、本当は、自分が身をもって体験して、初めて、ものになるのかもしれません。

「読経」を習慣にすると、守られている感覚がとても強くなり、ありがたさがあふれてきて、なににつけても、仏さまのおかげ、人さまのおかげと、謙虚な気持ちになれます。

さて、「読経」より、もっとかんたんにできるのは、真言を唱えることです！

真言とは、〝真実の言葉〟という意味。その言葉は独特の響きを持っています。響きはエネルギーであり、そのエネルギーの微弱振動＝波動が、この世にあまねくひろがり、現象を創っているわけです。次の仏様の御真言を唱えることで、尊い気持ちになれ、ありがたいご霊験《れいげん》をみることになるでしょう！

◎「観自在菩薩《かんじざいぼさつ》」→「オン　アロリキャ　ソワカ」慈愛によって心を整え、人とのご縁を整え、良いお導きをいただきたいときに！

◎「不動明王《ふどうみょうおう》」の御真言→「ノウマク　サンマンダ　バザラ　ダン　センダ　マカロ　ウシャダ　ソワタヤ　ウン　タラタ　カンマン」悪いものを絶ち切りたいときや、願いを叶えたいときに！

◎「文殊菩薩《もんじゅぼさつ》」→「オン　アラハシャ　ノウ」学びを身につけ、深い智慧と洞察力をいただきたいときに！

◎「薬師如来《やくしにょらい》」→「オン　コロコロ　センダリ　マトウギ　ソワカ」心身の病を治癒し、健康でいるために！

◎「大日如来《だいにちにょらい》」→「オン　アビラウンケン　バザラ　ダトバン」宇宙と一体化し、最善・最良・最勝のミラクルパワーを得るために！

唱えるときは、7回か、21回が望ましい♪　7の倍数が宇宙と密接な関係にあり、宇宙を動かす数字だからです！（※真言は、宗派によって少々違いがある）

さらに、気楽にやれるのが、「写経」（お経を写し書くこと）や、「写仏」（仏さまのお姿を写し描くこと）です！　これは、無心になれ、気持ちいいので、やみつきです！読経のための経本や写仏画は、書店やインターネットでも購入できます。気がむいたら、仏心満載の一日をおうちで体験してみてください。

きっと、そこから、さらに、清い、尊い、素晴らしい自分自身と人生に、出逢えることでしょう！

ありがとう1万回にトライ!!

これほど奇跡を惹き寄せるものは、他にない!?
そのやり方を伝授！

誰もいない、静まりかえった部屋と時間ができたなら、ひとりトライしてみたいのが、「ありがとう1万回」です！

これは、「ありがとうございます」という言葉を、ただ、ひたすら、唱え続けるというもの。心の中でやるのもいいですが、わたしの場合は、ちゃんと声にして、唱えています。

なんのために唱えるのかというと、完全なる自己浄化&人生浄化と、円滑現象を呼び込み、幸運の流れに入るためです！

それを目的としなくても、唱えさえすれば、日常的にあなたのまわりに「いいこと」が起こり、すべての物事が円滑にスムーズに進みだし、なにかとうまくいくようにな

るわけですが♪

それは、ひとえに、**「ありがとうございます」**という感謝の波動の働きによって、**大いなる背後の力が動きだし、大きくサポートされるからでしょう！**

ちなみに1万回だと、ノンストップではできません。唱えているうちに、のども乾くし、口もつれるし、しんどくなるし、おなかもすくし、おトイレにも行く必要がありますからねぇ～。しかも、そのうち、しんどくなって、「やっぱり、やめようかなぁ～」などと、魔もさします。

休み休み唱えても、まぁ5～6時間は、かかります。それゆえ、わたしは、それを決行するときは、本気モード全開です！

やるなら、準備万端にする必要がありますよ～！　水やお菓子は、そばに置いておきます。涙を拭くハンカチやティッシュも。疲れない姿勢でやれるよう、ソファに座ったり、ときどきベッドに寝転んだりするといいでしょう。

数は原始的に数えます！　まず、10回は、指折り数えて♪　それを10回やったら、100回達成！　ここまでは、ほんの5分程度でやれる！　そのとき、100円を目の前に置きます。それを続け、100円玉が10枚たまったら、1000回達成ということですので、千円札を置きます。ひたすら続け、1万回を達成したら、1万円札を置くわけです。それは達成したごほうびとして、自由に使ってもいいでしょう♪

さて、「ありがとう」という感謝の言葉は、それひとつでも、素晴らしい波動（エネルギーの微弱振動）を放つものです。たくさん口にすることでさらにそのエネルギーを増幅させ、いいことが現象化するのを早めてくれます♪

途中、涙があふれてきて、号泣してしまう場面にも遭遇するでしょう。まさに、それこそが、完全浄化のサインです！　美しい感謝の涙で、運命をキレイに洗い流せたら、幸運の流れと奇跡は、もうそこまで来ています！

自分との対話

心の内側に入り、本音で語るとき、
みえていなかったものが視える！

これこそ、ひとりのときにしかやれないという、〝大切なこと〟があります！　それは、〝自分の心と対話すること〟です。内側の世界にしばしひたることです！

それは、誰かといるときには、できないことだからです。

ひとりの時間なら、誰にも、何にも、遠慮することなく、沈黙と静寂を楽しみ、自己の内側へと入っていけ、心を見つめることも、自分を癒すことも、解放することも、自由にできます。

ちなみに、自分と対話するのは、何のためかというと、自己変容と成長の加速をうながすためです。自己の内側にあるものを知ることによってのみ、人は進化でき、人生をも望む方へと変容させ、成長させ、進化させることができるからです。

自己の内側にひたるとき、ただ、そこにあるさまざまな存在物に気をとめてみてください。そこにある望み、探しもの、叶えたがっていることなど。そのときそこにあるものの、良い悪いは関係なく、ただ、自分にこう問うてみてください。

「いま、一番いやなことは、なに？　それのどこがつらい？」
「この気持ちをどうしたい？　自分は、どんな気分で生きていきたい？」
「どういう気分になれば、それはすっきりできる？」
「どうなると、うれしい？」
「本当は、なにを望み、どんな幸せを叶えたがっている？」

などと。

そうやって、自分が自分に問うことで、対話していくのです！

ちなみに、**自分になにかを問うときも、それに応えるときも、わかっておきたいことは、「本音でやる」ということです！**

自分自身と向き合うのに、嘘をつく必要も、なにかをごまかす必要も、きれいごとをいう必要もありません。本音で、正直でなければ、自分と対話する必要など、ないのです。本音で自分に向き合うことで、癒され、楽になれ、なにかがより良くなったり、改善されたり、高まったりするのです。

自分と対話することの効能は、ある意味、本を読んだり、尊敬する誰かの話を聞いたり、セミナーに行くよりもすごいことになるかもしれません。

というのも、そのとき、自分の隠し持っていた本音がわかったり、もっと意味あるものを見出したり、キラッと光る宝物を発見したり、運命的なキーワードを見つけたり、すごい夢の具現化計画に、出逢えたりするのですから！

この〝自分との対話〟こそ、実は、もっとも自分が整えられ、クリアになれ、高まれる、かけがえのない行為だったのです！

また、〝自分との対話〟をするというとき、目に見えないエネルギー的存在である〝いと高き自己＝ハイヤーセルフ〟とも自動的につながれ、必然的により高いレベルの思考にも出逢うことになります！

その高いレベルの思考の中には、「すべてを創造する力」があり、ときには、〝神との対話〟をしているような、パワフルな感覚を受け取るものです。

ちなみに、〝自分との対話〟の習慣がない人は、いつでも自分に自信がなく、ちょっとなにかがあるだけでうろたえがちで、他人に意見を聞きまくったり、すがったりしがちです。自分が内側に力を持てないからです。

けれども〝自分との対話〟を続けると、バランスのとれた、ニュートラルな状態になり、落ち着いた力を持つ自分になれます！

そして、なにかあったときにでも、「どうしたらいいのか、わからない!!」と、むやみに混乱したり、無駄に騒いだり、パニックになることもなくなります。

気になる人に、電話をかける♪

たった、それだけのことで、
人は、瞬時に、エネルギーがわいてくる

ひとりの時間を過ごしているとき、ときには、ふと、思い出す、気になる人が浮かぶこともあるでしょう。

そんなとき、心は自然に、「どうしているのかなぁ～」と、その人へとあたたかい思いをはせるもの。

そうしたら、そのタイミングで電話をかけるのもいいでしょう！　そのときが、その人と、「つながるタイミング」であり、関係を整えるチャンスなのかもしれません♪

ちなみに、気になる**大切な人を思うとき、その後まもなく、相手からもふいに電話がかかってきたり、街で偶然バッタリ会ったりすることがあるものです！**

心の中という〝垣根のない領域〟は、一瞬で、自分と相手をつなげるものであり、その見えない世界で起こったことは、追って、目に見える現実という世界でも起こるようになっています。

人は、誰か、〝会いたい人〟と会う前に、まず、心の中でその人と会い、そこから意識とかテレパシーとかいう領域で濃密につながるのです。そのテレパシーの領域に、たいがい一週間前から、気になる人は入ってきます。

そのとき、なぜか、相手もこちらのことをふと思い出していたり、連絡したいという気持ちになっていたりするものです。

そして、実際に、その人に会ったとき、あとから話を聞いてみると、相手も「あなたのことをわたしも思い出していたのよ」「ちょうど、こちらから電話しようと思っていたの！」などと聞かされることになり、やはり、〝つながっていたのか〟とわかるわけです。

さて、気になる人や、好きな人や、愛《いと》しい人の声を聞く、その人と何かを話す、というだけで、遠くにいても、瞬時に近くなり、いっぺんにさみしさや不安が帳消しになるものです！

にもかかわらず、その人に電話をするとなると、「なにを話せばいいのかわからない」とか、「別に、用があるわけではないし」「相手が忙しいと悪いし」「かけたところで、こちらは大した話題も持っていないし」と、気持ちがあっても遠慮しすぎて電話できないという人もいるものです。

けれども、そんなくだらない理由で、大切な人に電話したい気持ちを我慢したり、避けたりする必要はないのかもしれません。

電話は、なにも、用件を伝えるためだけにあるのではないからです。電話のもっとも良いところは、「大切な人と、離れている人と、瞬時につながれる！」ことです！

それがわかれば、特別な口実も、なんらかの形で無理にこしらえた用事も、おかしな遠慮も必要なくなります。ただ、素直な気持ちで、優しい思いやりを届けるだけでいいのです。電話をかけて、ただ、こう言えばいいだけです。

「もしもし、元気でやってる？」

「どうしているのかなぁと思って」

「今日は、ちょっと声を聞きたくて」

「気になったから、電話してみたの♪」

と。

その際、必ず「いま、お電話、大丈夫？」「いま、話をしてもいいの？」と相手の都合を聞いてから、話すようにしましょう。

電話では、相手が何をしているのか状況がわからないからこそ、ひとこと、最初に気づかうことも大切です。そういう気づかいがあれば、相手も話しやすいものです。もし、「いま忙しくて、話せない」と言われたら、「わかったわ。今度にするわね。ありがとう」と、いったん切って、かけ直せばいいだけです。

もし、「話せる」といった場合でも、電話では、むやみに、だらだら、とりとめのない長話で相手をひっぱるのはやめ、手短に切ってあげましょう。

電話をするのが苦手だと言っている人の中には、「かけて何を話せばいいのかわからない」という人がいるものです。が、そういう人に共通しているのは「わたし、話題がないんです」「なにを言って話を続けたらいいかわからない」と、なぜか、どこか、長電話をしなくてはいけない感覚に陥っている人がいるものです。

しかし、人は、なにも、長電話を望んでいるわけではありません。すごい話題をふってもらおうとも、思っていません。

ただ、自分に電話をかけてきてくれたという、その気持ちがうれしかったりするだけです。しかも、こちらも、相手の声を聞いたらホッとするだけだったりします。

それゆえ、「どう、元気？」「ああ元気だよ」「そっちは寒い？」「寒いよ」「かぜひかないようにあたたかくしてね。ごはんもちゃんと食べて、体に気をつけてね」とか、ほんの2、3分の会話で終わってもいいわけです。

一度かけてきたら、なかなか電話を切らせてもらえないという人からの電話は、誰でも避けがちになります。

しかし、この人は、ちょっと話すとすぐに切ってくれる人だとわかれば、安心して何度でも電話に出てくれますし、なんなら、会話を少ししかできなかったことでさみしい気持ちになったときには、次のあなたからの電話を、待ち切れず、自分からかけてきたりもするでしょう。

電話は、互いに顔が見えないからこそ、声のトーンと言葉がなによりも大切です！　決して、暗い声で、相手が心配するような話し方をしないようにしましょう。

ふつうの声で、ふつうのテンションでつながれば、すべてはふつうにスムーズに流れます♪　明るい声で、明るいテンションでつながれば、すべては明るいほうへとスムーズに向かうものです♪

さて、電話を切るときには、「今日は声を聞かせてもらえて、うれしかったわ。ありがとう」「声を聞けて、安心したわ。ありがとう」「おかげで、元気になったわ！ありがとう」と、感謝をして、電話を終えるようにします。

ちなみに、人間関係では、いつでも、どちらか一方がかかわるのをやめると、もう一方もかかわりをやめ、やがて、自然に離れていってしまうものです。けれども、どちらかが、心を向け、かかわり続けようとするとき、両者はつながっていられるものです。相手を思う心が関係を整え、つなげ、その人を大切な存在にしていくのです。

Chapter
4

夢のビジョンを整える☆
キラキラ輝くために

自分の足元をよくみよう♪
いつでも、そこに、進むべき道がある！

家にいながら〝チャンス〟をつかむ♪

DVDやためこんだテレビ録画を観まくるとき、なにかが起こる⁉

たっぷりの〝ひとりの時間〟、落ち着いて、ゆったりやりたいことは、素敵な映画のDVD、溜《た》めこんだテレビの録画を、あれこれぜ～んぶ、観られるだけ観まくる！ということです。

そこから得られるストーリーや刺激によって、〝感動三昧《ざんまい》〟の時間をどうぞ♪ 感動することで、乾いた心は潤い、疲れ果てていた体は癒され、ストレスから解放され、魂はエネルギーを取り戻します。しかも、家にいながらにして、思いもよらぬチャンスまでつかめてしまうもの！

おもしろいもので、感動というのは、一瞬で人の心に火をつけ、自分の中で永く眠

っていた〝情熱〟というものを、目覚めさせてくれます。そして、次のステップに進み、もっと高いステージにいくためのきっかけを与えてくれます！

いったん、〝情熱〟に目覚めると、人は、「あっ、そうだ！　わたしには夢があったんだわ。こうしては、いられない！」「わたしもなにかやってみたい♪」と、いう気持ちになるものです。

情熱は、あなたの思いの〝熱〟です。それは、熱ければ熱いほど、あなたに素早くエンジンをかけ、さらなる高みへと引き上げ、はるか遠くまで連れていってくれるもの！

あるとき、わたしは、妹がたくさん録画した歌の特集番組のＤＶＤをもらったことがあります。「おねぇちゃんの好きなアーチストや、好きな歌をたくさん録画したから」と。

それをもらったもののわたしは忙しくて、なかなか観ることができずにいました。が、あるとき、ちょっとつらいことが続いたので気分転換しようと、そのＤＶＤをひっぱりだしてきて、ゆっくり観ることにしたのです。

ぼーっとコーヒーを飲みながら観ていると、ある一曲の歌が流れてきました。それは、わたしが上京する新幹線の中、音楽プレーヤーで聴いていたものでした。

いつしか涙があふれていました。それは、わたしに「ここでくじけて、どうするの！」と訴えかけ、励ましてくれているようでした。

そして、「あの頃の、気持ちを忘れてはいけない！　もう一度、自分らしさを取り戻さなきゃ！」と思うと、突然、胸の中が熱くなり、いてもたってもいられなくなったのです。

その瞬間、その感動をぶつけるかのように、わたしはパソコンにむかい、本の企画を書いていました。言葉がどんどんあふれ出し、それは、ほんの5分ほどで仕上がりました。

その生まれたての企画を、その勢いで親しい編集長にメールすると、なんと！　その日のうちにすぐに「次作は、これで、いきましょう！」と返事がきて、出版が決定したのです！

もし、あのとき、あの曲を聴いていなかったら……録画したＤＶＤをゆっくり観る時間を持たなかったら……わたしは、そのあともなおスランプから抜け出すきっかけを持てずにいたかもしれません。

そして、実は、その日、もうひとつ観た映画のＤＶＤからは、こんな言葉も受け取っていたのです。

「大地に立つときには、まるで自分が四本の足で立っているかのような気持ちで立つこと。そうすれば、安定！」

それは、自分の揺れる気持ちをいっぺんに払拭《ふっしょく》するきっかけとなり、自分の居場所と進むべき方向を再確認させてくれたものです。

観たものが、タイミングよく自分の何かを救ってくれるということは多々あるものです。チャンスはいつも、その人が受け取るタイミングを見はからって訪れるもの！

ひとりの時間がたっぷりあるというのなら、ぜひとも、感動三昧の一日を！　あなたの心が動きだすとき、運命も大きく動きだすことになるでしょう。

なにかに、チャレンジしてみる

もっとキラキラ輝く自分になれる☆
人生のクオリティがUPする！

前項のように、心に感動を仕入れることで、自分の内側からエネルギーがわき上がり、「なにかしてみたい！」という衝動を覚えることは多々あります。そんなときこそ、以前からの夢や目標にチャレンジするとき！ です。

「こういうことがしてみたい！」「いまこそ、あのことを叶えたい！」「こういうことに、トライしたい！」というものがあるのなら、自分の中に〝熱〟があるうちに、また、その熱風の〝勢い〟があるうちに、やることです。

「感動はしたけど……まぁ、なにかするのは今度でいいか」では、チャンスを失います。何のチャンスかって？ それは、あなたが、あなた自身も知らなかった「偉大な何者かになるチャンス」です！　見ちがえるような人生を手に入れるチャンスです！　人は、冷《さ》めた気持ちでは動けません。熱量が、人を動かすガソリンのようなものですからねぇ～。

さて、なにかにチャレンジするというとき、世の中にはこんなことを言う人もいるものです。「熱くなったところで、こんな年になって、いまさら何ができるかしら？」「主婦のわたしに、どんなことができましょう。なにかしたい気持ちはあるけれど、自信がないわ」

しかし、したいことをするのに、年齢も自信も関係ありません。したいことをして、幸せになっている人は、年齢が若いからしたのでも、自信があったからしたのでも、ないからです。

ただ、そうしたかったから、しただけです！

たとえば、なにかにチャレンジして、ゆくゆくはプロになりたい！　という場合でも、「そうなりたいけど、そんな才能ないし」という人がいるものです。

が、チャレンジし、プロになって活躍している人は、才能があるからしたのではなく、〝それをせずにはいられないくらい、その道を好きで、愛していたから〟そうしたわけです。

ちなみに、才能というのは、なにかひとつのことをよろこんでやっていくうちに、自然に上達し、その人がみごとに自分の世界観を生み出したとき、それを見ていたまわりの人が、「すごい才能ね」というだけの話です。

当の本人は、才能だの実力だの自信だのとは思っておらず、ただそうしたくてたまらず、夢中になっていただけです。

そういう真実を感じ取れる人は、いくつになっても、どんな状況からも、楽しんで、なにかにチャレンジできる人となり、そこから大きなチャンスや、思いもよらぬ幸運や、憧《あこが》れの成功人生をみごとに手に入れられるもの！

さて、60代にして、アメリカで出版社を立ち上げた女性Lさんは、「心と体と人生のスピリチュアルな関係について、世の中の多くの人に伝えたい！」という一心で原稿を書きました。が、どの出版社に持ち込んでも断られるばかり……。

遂に、彼女は〝本を自分で作って、自分で売る！〟という夢にチャレンジするため、自宅の一室で印刷作業を始めたのです。

そのとき、まわりの人たちは、「あんなにたくさん印刷して、ゴミになるのがオチなのにね」と、鼻で笑ったものでした。

しかし、それは、結果的に全世界で訳され、のちに、３０００万部以上を売り上げるベストセラーとなったのです！

誰が笑おうが、成功する根拠がなかろうが、自分の信じた夢や目標にチャレンジする人だけが、すごい結果と思いもよらぬ幸運を手にすることになるのです！

あなたがひとりで過ごす時間を、ほんの少し、なにかにチャレンジすることに使うだけで、人生を新しい方向に舵取《かじと》りすることになります。チャレンジにより、新しい時間、新しい自分を持ったとき、新しい人生は自動的に目の前に現われるのです！

願いは、新月に叶えてもらう

なぜか、１か月もしないうちに本当になる☆
その神秘的な成就法とは!?

これからの自分の運命を整えるために、ひとりの時間にやってみたいことは、「新月に願いをかける」ということです！　新月の持つ神秘的なパワーがあなたの夢に浸透し、不思議な叶い方をするものです！

しかも、叶うときというのは、わたしの経験では、たいがい、１か月以内で叶います。１か月以内というとき、30日かけて何かが徐々に叶う兆しをみせるのではありません。

まったく何も起こらない日がずっと続いていて、ある日突然、出来事が起こり、あっけなく叶うのです！　それは、たいてい、最初の４日目～７日目くらいで叶うことが多く、早い場合は、翌日に叶うこともありました！

あまりにも、コロッと叶うので、よろこぶというより、拍子抜けしてしまうものです。「あれ〜、わたし、願いを叶えるために、まだ何もしていないのにぃ〜」と。

さて、そのやり方は、次の通りです。この方法は、知人の紹介で出逢った占星術マスターから伝授してもらったもので、かれこれ、もう12年くらい続けていますが、とても効果的で、毎回感動してしまいます♪

まず、新月の時間をインターネットなどで調べます（基準は、明石の天文の新月タイムです）。その新月タイムから〝21分過ぎてから、8時間以内〟をめどに、願いごとを紙に書きつけます。このタイムエネルギーが重要!!

書くために用意するものは、シャーペンや鉛筆はＮＧ!!　かんたんに書き直したり、消したりしないため。そして、ピンクの便せん2枚とピンクの封筒2枚。あるいは、ピンクカラーのＡ４のコピー用紙を用意し、2枚を便せんがわりにし、別の2枚を使って封筒をつくります。ノリやテープが必要。書く願いごとは、できれば8個以内に！　それ以上になると、エネルギーが分散され、成就しにくくなるからです。

次に、書き方です！　これまでの願望実現では、意思や意図を明確にしてきましたが、この〝新月のお力をいただくやり方〟では、「言い切って、ゆだねる」だけでいいのです♪

それゆえ、自分自身や新月に、〝努力を一切感じさせない伝え方〟で、「結果のみを示す書き方」をします。次のような感じで、どうぞ。

「わたしの願いである○○は、□年□月までに、すんなり叶います！」
「わたしは、スピーディーに○○になります！　それは今月中！」
「今年中に、○○を手にいれます！　それは、とてもスムーズです♪」

というように。

ちなみに、前述したように、叶うときは早いです！　1か月以内のうちには完全に成就していないという場合でも、なにかしらの兆候や、流れに、つながっているものです。

さて、絶対に書いてはいけない言葉は、「いつか」「そのうちに」「ゆくゆくは」です。

そして、**お気づきいただきたいところは、〝すんなり〟〝スピーディーに〟〝スムー**

ズに〟というキーワード！　これが、新月の魔法力を倍加・加速化させる秘密です！

1枚目を書き上げたら、もう1枚、まったく同じことを書きます。2枚つくるわけです。この念押し的行為によって、エネルギーが「確定」されます！

また、この2枚の内容は手書きすることがミソ！　それを通して、あなたと新月の魔法との間に、「確認」と「同意」がなされ、「納得」し、「許可」したことになります！

そうやって、はじめて、〝結果を受け取る準備〟も完了するわけです！

書いたものは、別の封筒に入れ、ひとつは手帳やバッグにしのばせ、もうひとつは、机の引き出しやベッドの下や、神棚にどうぞ。

あとは、うれしい「結果」を受け取るのを、待つだけ♪

そして、成就という結果までの道筋を整えるには、「願ったこと」をすっかり忘れておくことが大切です！

忘れておくことで、あなたの意識からそのことがなくなり、執着がなくなり、うまく潜在意識に託され、新月に託され、クリアでクリエイティブなエネルギーが通り、現象化を成功させることができるからです！

しかも、あなたが覚えていなくても、あなたの叶えてほしいことについては、新月と宇宙が覚えており、すでに必要な仕事にとりかかってくれているから、安心していればいいのです♪

それより、あなたは、ふだん通り、自分のすべきことを淡々としてください。できれば、すでに叶ったつもりになり、明るく満たされた気分でいてください♪

すると、そのあと、日常に、なにかが起こります！

正しく祈る♪

祈るとき、言葉を間違えてはいけない☆
言葉の響きが現象化の要！

たとえば、なにか願いや夢があるときには、それが叶うようにと、人は、思わず、ひとり手をあわせ、祈りたくなるものです。

そのとき、正しい祈り方をする必要があります！


正しい祈り方がどういうものなのかを知っている人はどれくらいいるでしょうか？

人はたいがい、なにかを叶えたいのにそれがまだ叶っていないとき、こう祈っているのではないでしょうか。

「ああ、神さま、どうかこれを叶えてください！」

「これが叶うなら、なんでもします!!」

「もう、恋人も、お金も、なにも望みません！　ですから、これを叶えてください！」

などと。

しかし、神様になにかを懇願したり、おかしな交換条件を出したり、取引のようなことを言ったり、エゴを主張することが、祈りなのではありません。


「正しい祈り」とは、どのみち、神様が絶対にくれるであろう「それが叶った未来」である〝素晴らしい結果〟を、整った心で、よろこんで、先に感謝を述べること！


さて、たとえば、あなたに豪邸がほしいという願いがあるとしたら、こんなふうに祈ってみてください♪

「神様、新築のマイホームを建てていただき、ありがとうございます。このような素晴らしい家に住め、毎日、うれしくて、幸せでたまりません！

パーフェクトな形で願いを叶えてくださり、本当にありがとうございます。心より感謝いたします。神様が与えてくださったこの現実を、いつまでも大切にいたします！」

さて、あなたが先に、結果をよろこぶという「正しい祈り方」をするとき、未来をこちらへと大きな磁力で惹き寄せることになります。

先に感謝するとき、その未来をリザーブしたも同然で、それゆえ、それが叶うのです。未来の「現実」として！

しかも、先に感謝するというとき、あなたは、〝それを受け取る気満々〟でいるということであり、すっかりそのつもりになってしまっているものです！

そうなる大前提でいるそのあり方こそ、「正しい祈り」そのものであり、結果をもたらすものとなるのです！

インスタント瞑想のやり方

効果満点☆
スピリチュアルなドアをあけ、願いが叶う世界へ入る♪

あなたのスピリチュアルな生活を整える方法があります。ズバリ、それは、「瞑想《めいそう》」することです！

「瞑想」を通して、あなたは、おおいなる〝可能性の場〟であり、なんでも叶う材料や要素がある宇宙へと、入っていけます！

そこは、なんの抵抗も摩擦も障害も存在しない、すべてがスムーズな円滑現象の世界です！　無限の宝庫であり、不可能のない世界であり、すべてを創造できる根源的エネルギーの領域です！

その宇宙につながるだけで、神秘のドアがひらき、望むものや惹き寄せたいものや、あらゆる必要物が降りてきて、スピリチュアルな現実を生きることができます！

「瞑想」の方法は、いたってかんたん♪

ひとり静かな部屋でリラックスし、軽く目を閉じ、自分が一番楽になれるよう、呼吸を整えます。そして、そのまま、何かが浮かぶにまかせ、自然な流れに身も心もゆだねるだけでいいのです。ここから詳しくお伝えしましょう。

まず、目を閉じることで、あなたはまわりの刺激や情報から自動的に遮断され、内なる世界にすんなり入ることができ、α《アルファ》波状態になります。このとき、リラックス状態にあり、静かでありながら、感性は鋭くなっており、現実を味わっているのに、現実とは違うものを味わいやすくなっているものです。

このとき、あなたは何かを故意にイメージしようとか、良いことを考えようとか、イメージで何かを見ようとか、願いをかけようとか、力《りき》む必要はありません。

瞑想は、情報が遮断された静かな空間に集中し、あなたが目を閉じ、呼吸を整えるだけで、本来、勝手に起こるものです。それを邪魔しないようにするのが、あなたの大切な仕事です。

どうぞ、そのまま♪　あるがままにまかせてください。そこにあるなにかしらのムードをも流れるまま楽しんでください。

瞑想のはじめには、日頃から気にしていることがあれこれ浮かんできたり、心の奥にしまっておいた気がかりなことが突如大きくクローズアップされたり、他人やなにかに対する怒りが突如噴き出したりするかもしれません。

不安に思うことや心配ごと、恐れに感じることやネガティブな思考におそわれることもあるでしょう。

けれども、何も思いわずらわず、ただ、自然に浮かんできたものを、そのまま通り過ぎさせてください。一切、何も意識でコントロールしようとしないでください。

「こんなことを気にしてはいけない」とか、「こんなことを考えるのはよくないわ」などと否定したり、おかしなことを想っていた自分を嫌悪したり、その内容を否定したり、なにかを拒絶する必要もありません。

〝ああ、こんなことも自分の中にあったのかぁ〜〟くらいの気持ちで、他人ごとのように、上から俯瞰《ふかん》するかのように、それらをただ、通り過ぎさせるのです。

現われたときが、クリアになるとき、そう、消えるときです！

つまり、浮かび、通り過ぎたら、あなたの中からそれはもう「なくなった」ということです。それを、また引き戻したり、もう一度つかんで心の中にしまったりしないでください。そんなことをしていたら、いつまでもクリアになれず、「宇宙」ともつながれないからです。

次々といろんな気分や感情やイメージ、なにかしらの場面や情景、心のつぶやきが浮かび続けることでしょう。浮かんでは消え……消えては浮かび……と。

そんなふうに自分の中から現われ出たがっていたものたちを、なにも言わず、自由に泳がせてやると、出尽くします。

出尽くしたあと、胸の中がぽっかりとあいたような感覚に出逢います！　心がすごく静かになり、凛《りん》とし、胸の中に「聖なる空間」ができたような♪　そう、「空」の状態＝〝無の境地〟になるわけです！

この「空」のとき、あなたは宇宙に漂っています。しかし、「空」に入っても、ふと、なにかを思ったりして現実に引き戻されます。が、また「空」に入るという行き来を、短時間に何度かくり返すものです。

そして、ある瞬間、突如、光がまぶたに現われたり、なにかしらのキーワードやイメージがフラッシュゲームのように現われたりします。

そのとき、あなたは完全に宇宙につながっており、特になにかを望まずとも、自分の潜在意識下にある願いが自動的に宇宙に取り込まれることになります！

それは、まさに、スピリチュアルな瞬間であり、リアルな現実の瞬間でもあります！　その感覚を堪能できたら、呼吸を整え、ゆっくり目をあけ、瞑想を終えましょう。

さて、「瞑想」は、ほんの3分程度のもので、ＯＫ！　30分も1時間もやる必要はありません。長い時間しなくてはならないとなると、人は、たまにやっても、あとは邪魔くさくてしませんから。

重要なのは、「宇宙」に頻繁に訪れ、つながること！　たとえ3分程度のインスタントな瞑想でも、日常的にちょこちょこやるほうが、効果的です！

ちなみに、「瞑想」すると、内側がきれいにそうじされ、勝手に、自己浄化が叶います。心身ともに軽やかになれ、とても生きやすくなり、オーラの光る、キラキラ輝く人になれるもの！

携帯はつねにフル充電に！

いつでも、どこでも、必要なものに、つながる！
それが神秘の流れ

「宇宙」とつながり、「人」とつながり、「幸運」や「奇跡」とすんなりつながれるように状況を整えるには、携帯電話を、つねに、フル充電しておくことです！

携帯環境を整えるだけで、あなたは、うれしい話や、おいしい情報、幸運な出来事を日常の中ですんなり受け取れる人になります！

それがやってくるのを〝自分の落ち度〟で逃してはいけません。そう、「電源がないから、ごめんなさい」「その話は、今度でいい？」と〝お粗末な理由〟で！

何を隠そう、そんなおまぬけな経験を、わたしは何度もしております。そう、こんなことがありました。

あるとき、友人である大物ミュージシャンから携帯に電話がかかってきました。「仕事を終え、麻布にいるので、ちょっと出てこない？　会わない？」と。

もちろん、行こうと思えば、行ける状態ではありましたが、わたしは携帯電話の電源がなくなりかけているのを気にしていました。このままだと、話の詳細も聞けないし、行くとしても、待ち合わせ場所はどこなのか、いまから連絡をとれないと困るなぁ～などと。

そのせいで、なんとなく〝電源がないし……〟と、「また、今度ね」と断ってしまったのです。もちろん、そんなときでも、コンビニに行けば、充電器も買えたでしょう。が、そのときわたしは、初めて行った遠くの街に買い物に来ていて、コンビニを探せずにいたのです。

重たい荷物をたくさん持ったまま、携帯の電源が切れるのを心配しながら、見知らぬ街をうろつき、「電源のために、走りまわるのも邪魔くさい～」と感じ、電源を切れかけにしたままの、ちょうどその瞬間、電話がかかってきたのです。

後日、彼女に前日の自分の愛想のなさを詫びようと、改めて電話をしてみると、なんと！　あのとき、わたしの大好きな俳優さんも一緒だった、というではありませんか!!　ええーーッ！　うっそーー！

しかも、その彼のほうから、「奈未さんに会ってみたい♪」と言ってくれたということで、彼女が「じゃあ、紹介するわ」と、電話をくれたというわけです。

ひぇ～！　なんと残念な！　それを電話の最初に言ってくれ～!!

また、あるときは、こんなことがありました。

秘書の車に乗って、仕事場に向かっていると、突然、携帯電話が鳴り、ふと着信をみると、なんと!!　当時、まだ未練たっぷりで大好きだった元彼からではありませんか!!

「もしもし……ひさしぶり……元気？　最近、どうしているのかなぁと思って」と。

そこには、あたたかく、おだやかで、優しい、あの懐かしい声が♪

それなのに、わたしの携帯の電源はまたもや切れかけていて、彼が「話せる?」と聞いてきたとき、〝やばい! 電源がない!〟と思いつつも、ギリギリまで! と、そのままおそるおそる話していたのです。すると、肝心なところで、「THE END」。電源が切れてしまったのです。トホホホホ……。

再会の奇跡に胸を躍らせ、うるうる感動していたというのに、なんというありさま! この残酷さを呼び込んだのは、他でもない、携帯の電源です!!

ああ……そのとき、あのタイミングで、一体、彼は何をわたしに伝えたかったのか!! もしや「お食事でも♪」なんていう、お誘いだったかも～!

もちろん、後日、こちらから電話をかけはしましたが、彼があのタイミングで話したかったことは、本当には聞けなかったのかもしれません。

人には、その瞬間だからこそ伝えたいことというのも、あるわけです。特に、男性の場合、自分がかけたときに、思うように話せないと、しらけるでしょう。

こういうこと以外にも、なんだかバタバタし、あちこちに連絡をしているうちに、外出先で携帯の電源がなくなってしまったことは多々ありました。

とにかく、**あなたにとっての良きものは、たいがい、どんな連絡も、携帯にやってきます！　宇宙は、もっとも確実なやり方で、素早く、あなたをつかまえたがる性質があるからです！**

ひとりの時間、ボーッとしている暇があったら、しっかり携帯をフル充電しておきましょう♪　またとない幸運や、おいしすぎる出来事や、思いも寄らない奇跡を、みすみす逃さないように！

Chapter 5

運命をより良く整える☆逆境を乗り越えるために

ピンチはチャンス！
その意味を知り、幸せを取り戻すために

ひたすら、寝る！

人は幸せでないと眠れない⁉
心身がやられている人へのメッセージ

ひとりでいるからこそ、たっぷりできそうなことがあります。それは、「ひたすら、寝る！」ということです。

寝ることとは、本来かけがえのないもので、あなた自身と人生の「復活と再生」を自然に叶えるものです！

人間は寝ることで、日中負ってしまった疲れやストレスやエネルギーの消耗を取り戻します。また寝ている間に、体内の狂いを修正し、細胞の再生を助け、潜在意識を浄化し、パワーチャージしています。その日のすべてをリセットし、新たな生命力を得られるからこそ、あなたは翌日も元気に活動できる自分でいられるわけです。

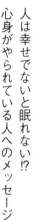

もし、毎日、会社に行くために、起きたくもない早い時間に起きて、残業もして帰りも遅く、寝不足がちであったという人は、「ひたすら、寝る！」という一日があってもいいいくらいです。寝ることで、かんたんに自分を救えることもあるのですから。

たとえば、精神を病んだり、鬱《うつ》のような状態に陥ったりした人が、どこにも行かず、部屋に引きこもって、一日中ゴロゴロ寝ていることがあります。

それを見て、その家族の人は、「そんなふうにしていないで、学校に行きなさい！」とか、「寝てばかりいないで早く働きに出なさい！」とか、「あなたのようななまけものがいると、お母さんは近所の人に会ったとき、なんと言えばいいのか。はずかしいわ！」などと、心ない言葉を言ったり、怒ったり、批判したりすることがあるものです。

しかし、それは、理解不足であり、思いやりの欠けた態度です。

彼らには、そのとき、そうすることが必要で、いや、そうすることでしか自分を保てないから、そうしているわけです。

すべてのことには意味があり、たとえ、寝てばかりいるようにしか見えない彼らにも、その意味と価値がある時間なわけです。

また、彼らは自分自身でさえ、そうすることしかできない理由も意味もわからず、自分自身そういう生活をしていることをとても悩んでいるものです。それでも、そうすることしかできないのは、彼らの心や体や脳や神経や細胞にとって、そのときはそうすることが必要だから、そうなっているのです。

心と体のしくみはいつも正しく、なにか異変があれば、正しくその人を倒し、病にしますし、逆に、なにかきっかけがあれば、正しく起きあがらせ、復活させるものです！

ちなみに、なぜ、彼らが精神を病み、鬱状態になったか、家族の方、わかっていますか？　気づいてあげられていますか？　思いやれていますか？
原因は、体か心、あるいは、その両方にあるのです。

たとえば、食生活が悪いまま、過酷な労働をし、生活リズムと体調を崩した人は、肝機能がやられてしまうことがあります。すると、朝、体がだるくて、起きられません。起きるとしんどいから寝る。けれども、寝ていてもしんどいから、寝続ける……すると意思の力をふりしぼろうにも、今度は体がもう起こせなくなり、それが続くことで、仕事にも行けなくなり、働けなくなり、寝ているしかないというような、「廃人」のようになってしまうことがあるのです。
肝機能が低下していることは、医者にかかって、はじめてわかることですが、たいがいは、なぜ、そんなにだるいのかを本人もわからず、医者にもいかないので、家族に理解されないわけです。

また、心が問題の場合それは本人の内側にしかないので、よけい誰にもわかってもらえないものです。彼らは、なにか、どこか、誰かとの間で、傷ついたのです。ショックな出来事があったのです。大切なものを失ったのです。

不本意にも、鬱状態になってしまった方の多くが、大切なものを喪失し、そこから、生きる気力さえも、失ってしまっているものです。

その失ったものは、愛する人かもしれないし、仕事かもしれないし、お金かもしれません。プライドかもしれないし、自己価値かもしれないし、未来への希望かもしれません。

それを取り戻すための前段階として、寝ることで、生きる気力だけを先に確保しているわけです。だから、そういう時期には、寝ていても、ゴロゴロしていても、無職でも、見守る愛も必要なわけです。家族ならば！

ちなみに、わたしは、耐えられないほどつらいことや悲しいことがあるときには、ただ、ひたすら寝ることを一生懸命することにしています。まぁ、つらいときには、それ以外のことなど、できないという状態でもあるわけですが。

さて、「ひたすら、寝る」というとき、〝幸せな気分〟で寝たいもの。けれども、人は、幸せでないと安眠できません。だからこそ、自発的に、心と体を幸せに整える工夫をし、眠りの質を整えたいもの！

いっそ、死んだつもりになってみる

精神科医が教えてくれた、「復活」と「再生」を叶えるユニークな方法

知人の精神科医で、心理学者で、産業カウンセラーをしているS先生の言葉で、ここでお伝えしたい大切なものがあります。

「つらいときはね、死んだつもりになって、とにかく、う〜んと、う〜んと、寝ることです！」

そして、続けて、彼は、こう話してくれました。

「この世の中には、つらいことや悲しいこと、厳しい環境に負けて、〝もうだめだ〟と勝手にそう思い込み、死を選ぶ人もいるものです。しかしね、その人たちは、環境が過酷だったから死んだというわけではないこともあるんです。

本当は、精神的に絶望して、自分で人生をあきらめたから、そういう行為に出てしまったんですよ。

しかし、そんなことをするものではない！　絶対に、自分から命を絶ってはいけない！　なぜって、状況は、つねに変化するものですからねぇ。耐え忍んでいる間に、時が経ち、状況も変化し、現実が以前とは違ってくることなんて、いくらでもあるわけですから。

だからね、僕のところに相談に来た患者さんには、いつも、こう言うんですよ。〝死ぬほどいまがつらいなら、ここで死体になりなさい〟と。といっても、本当に死ぬのではありませんよ（笑）。死んだら、どうなるのかといったら、死体になるわけです。だから、そう伝えているんです。

死体って、どんなものかわかります？　目を閉じ、体を横たえ、動かなくなるということです。何も考えることすらできない。考えるから、しんどいわけです。同じことを何度もね……。

だから、ひととき、そういう状態をつくれるものはというと、〝寝ること〟なんですよ。実際、ぐっすり眠れば、その分、体も癒され、気力も戻りますからねぇ。なにかが変われるんです！」

その話を聞いて以来、わたし自身、つらいことがあると、ベッドに身を投げ、目を閉じ、ひたすら寝るのです。そのとき、何時間寝たっていい！

そうやって、死んだつもりになって、ぐっすり寝て、目覚めたとき、「自分は、生まれ変わった！」と思うようにするといいのです。

新しい気持ちになって、新しい今世を迎えたつもりになって、とにかく、今日、一日を、なんとか生きてみる！

そのとき、別に、なにも、たいそうなことをする必要はありません。ご飯を食べたり、テレビを観たり、散歩するくらいでいい……実際、そのくらいのことしかできないというのが、本当のところでしょう。

そうしたら、それでいいんです。家族になんと言われようが、自分は自分をそうやって救うのだ！　と、決めることです。

自分が自分を救わなければ、いったい誰が救えるでしょうか？

もちろん、励ますことくらいは他人でもしてくれます。が、この人生を自分のかわりに生きてくれる人など、他にいないわけですからねぇ。自分で自分を救うしかないわけです。

そうやって、「今日だけ、なんとか、生きてみる！」ということを繰り返しているうちに、体力も戻り、気力も戻り、「もう一度、前に進もう……」と、弱々しくでも、そう思えるようになるものです。そうなったら、成功です！

「復活と再生」のときです！

そのとき、死ぬことなんか考えなくなっているものです。実際、何も絶望ではないし、いくらでも、この人生はやりなおせるのだから。

……だから、あなたも、つらいなら、今日、ひたすら、寝てください！
そうすれば、絶対、陽はまた昇り、あなたを明るく照らします！

悩みは、とっとと吐き出す

つらいことは、ひとりきりで抱えない！
救われる場所を確保しておく

おだやかに、平和に、幸せに暮らせるよう、自分を整える秘訣は、「悩みができたら、早いうちに対処する！」ということです。

何か困ったことや問題が発生したら、そこから時間をあまり置かずに、向きあうことが大切です。そうすれば、悩みの種がにょきにょき大きくなるのを避けられることもあるからです。

たとえば、自分が何かひとつ行動を起こすだけで、解決しそうだとわかっているなら、おっくうがらずにそうしましょう！

対応するのがいやだからと、見て見ぬふりをしたり、そこから逃げたり、あとまわしにしたりすると、余計に大きく、やっかいなものになってしまいかねませんからねぇ〜。

さて、自分ひとりではどうしていいかわからないというようなものを抱えているときには、これまた、できるだけ早いうちに、誰かに悩みを打ち明けましょう！　とにかく、信頼できる人や、頼りになる人、尊敬できる人、サポートをくれそうな人に、まずは、連絡をし、話を聞いてもらうことです。

誰かが聞いてくれることで、あなたは自分の中から、悩みを外側に吐き出すことになり、吐き出した分だけ、軽くなれます！

とはいうものの、この世の中には、誰かに悩みごとを聞いてもらうのは、「なんだか、悪いし」「頼っていって、迷惑をかけてもいけないし」という人もいるものです。が、それは、相手になにかをさせようという、おかしな下心があるからかもしれません。悩みを相談にいくというとき、相手にそれを解決させるということではありません。

実際、その悩みを解決できるのは、「あなた自身」なわけですから。そのヒントや手がかりやお力や智慧をいただくだけなのです。

誰かに、きちんと話を聞いてもらえたら、感謝の言葉とねぎらいを伝え、ほんのひとつのお礼のお菓子でもあれば、相手は別に嫌がることもないでしょう。

人間、頼られていやなものではありませんからねぇ〜。しかし、むやみにすがられたり、依存されたり、「なんとかしてください!!」と泣きつかれるのは、困るわけです。

自分はこういうことで悩んでいて、どうしたらいいのかわからないので、なにかご意見をいただきたくて……と、話を聞いてもらえるだけで「ありがたい」というスタンスでいることが、まずは大切です。

すると、相手に何かをしてもらおうという依存心がなければないほど、相談された側は、かまえることなく、すんなりその話を聞けます。

そのとき、相手には余裕があるので、解決の手がかりやヒントをあなたに与えたりするのが、かんたんになります。
なんなら自分がちょっと動いたり、誰かに声をかけたりすることで、物事がいい方向に動きそうだと思ったら、ありがたいことにその人自身の判断とやり方で、動いてくれることもあるでしょう。

……話を聞いてもらい、助けられたら、感謝！

そして助けてもらえた限り、今度は自分も、相手が困ったときには、微力ながらもなにかお役に立ちたいという気持ちを差し出せば、いやな気持ちはしないものです。
といっても、あなたを助けた人は、それがお安い御用だからしたまでのことで、別に、今度は自分があなたに助けてもらおうとは、思っていないかもしれませんが。

さて、悩みや問題があるときに、避けたいことがあります。それは、「どうしよう！どうしよう！」「困った！　困った！」と、騒ぎ立てたり、深刻になりすぎることです。
そんなことをすると、かえって、問題を大きくしてしまうだけですから、落ち着くことが大切です。

ある成功者は、大きな問題が起こったときほど、落ち着くべく、コーヒータイムをとったり、マッサージを受けたり、散歩に出たり、ゴルフに行ったりするそうです。

そうやって、その問題から、いったん、少し、離れてみることで、リラックスし、見えてくるものがあり、正しい解決策を思いつくのだと。

どちらにしても、悩みを恐れる必要はありません。というのも、いまの自分に乗り越えられることしか、やってこないからです。

勝手に大問題にしてしまわないためにも、悩みはとっとと誰かに聞いてもらい、自分の中から吐き出し、気持ちも状況もスッキリさせてしまいましょう！

セッションを受けてみる♪

対面・電話☆ときには、問題を扱う「プロの力」も活用してみる

困ったときに、誰かにSОSを求める素直さや、正しい弱さや勇気や、甘える力、心のオープンさを持っていることは、とても重要なことです。
それがあれば、人は、おかしな方向に、破滅の方向に、思考を走らせずにすんだりするからです。

けれども、もし、「身近に相談できそうな人などひとりもいない」「知っている人に悩みを打ちあけるのは勇気がいる」「まわりには内緒で、解決したい」というのなら、〝お金〟を出してでも、カウンセラーや心理学者やヒーラーや占い師のところに行ってみるといいでしょう。

とにかく、ひとりで悩んで、ひとりで悶々として、ひとりで思いつめて、ひとりで絶望し、ひとりで「出口がない！」「もう、ダメだ」と、思い込んではいけないわけです。

ちなみに、悩みを抱えて自殺する人は、相談できる人がひとりもいなかったことが、不幸の原因だったりします。

人間、たとえ、たったひとりでもいいから、自分の心の内を聞いてくれる人がいたならば、悲しい結末に向かうのをしっかり思いとどまることができるものなのです！

ちなみに、わたしは「チャネリング」や「メンタルブロック解消」「過去世・現世・未来世☆ソウルライトセラピー」などの対面や電話セッションを行っているのですが、相談者の話を聞いてみると、案外、小さなことで、深く悩んでいて、問題を深刻化させてしまっていることが多々あります。本当は、そんな大げさなことではないことまで。

では、なぜ、そうなってしまうのか？

それは、たったひとりでそれを抱えていた時期が長かったからです。その長い年月の中で、どんどんマイナス思考で自分を追いやり、出口を見失ってしまっているわけです。

しかし、セッションによって、こちらがそこを抜けるヒントやちょっとしたアドバイスや、視えたものを伝えるだけで、「あっ、そういうことだったんですね！」「それなら、やれそう！」「ありがとうございます。さっそく改善します！」と、えらくあっさり、その人の気持ちが変わり、状況が変わることがあります。

そうして、必ず、セッションのあと、こう言うものです。「もっと早く、先生のセッションを受ければよかった！」と、明るい顔で。

そのとき何が起こったのかというと、人に悩みを吐き出したことで、軽くなれたということです。そのとき、自分の中でエネルギーが通ったのです！

また、受け止めてくれる存在のおかげで、心も視界もひらけた！　ということです。

自分があぁだこうだと話しているうちに、また、人のアドバイスを聞いているうちに、頭も回転しはじめ、思考も整うものです。

すべてを話し終え、つかむべきヒントをつかんだとき、自分の中で出口が見え、解決への希望をつかみ、安堵したということです。

みえるものがみえたら、その対処のために、あとは、必要な行動をひとつ起こすだけでよかったりするわけです。

それゆえ、**悩みがあるのに相談できる人がどこにもいないという場合は、お金を支払ってでも、必要な人に聞いてもらうこともあり！　です。**

自分が壊れる前に、心を救うために、なにかひとつ、そういう方法を持っておいてもいいわけです。もちろん、信頼できる先生をしっかり探すことが必要なのは、言うまでもありませんが。

するると、「なにかあるとすぐに相談できるので安心♪」ということになり、救われやすくなるものです。

さて、わたし自身は、日常的な小さな悩みは妹に、心の問題は知人のお坊様たちに、体のことは主治医の先生に、お金のことやビジネスのことや経営方法は顧問税理士の先生に、法的なことや、守るべき権利やそのほかのことはなんでも顧問弁護士に、話を聞いてもらい、相談しています。ちなみに余談ですが、知人の会社社長には、お抱えの霊能者がいたりもするものです。

いつでもなんでも話を聞いてくれる友人、知人のほかに、お金を支払えば確実に悩みを吐き出せ、軽くなれる場所があれば、いつでも安心であり、何も苦にせず、前に進みやすくなるでしょう！

"気持ち"をつくる

あなたを救う気持ちの持ち方☆
そこに、幸せに生きるヒントがある

この人生、いつも平穏無事なときばかりではなく、ときには、つらく厳しい環境の中に置かれることもあるものです。

そんなとき、大切なことは、自分の「気持ちをつくる」ということです。そう、気丈になるために！

「どんなときも、気持ちで負けたら、あかん！」そんなタフさが必要です。

とにかく、気持ちが負けると、人はいっぺんに元気がなくなります。新陳代謝も悪くなるし、筋力も落ちるし、免疫力も落ちます。すると、もっと気がめいり、体調も崩れやすく、運も悪くなるものです。

気持ちが負け、弱々しくなると、ろくなことがありません。エネルギーダウンと、運気ダウンになるだけです。

弱々しく、不安と恐れに満ちた気持ちは、脳やホルモン分泌や神経系によろしくない影響を及ぼし、さらにマイナスの状態をつくりあげてしまうものです。

人間のつくりとはそういうふうになっているのです。逆にいうと、本来、気持ちさえ、気丈に保てば、心や体や魂や運気が大丈夫なことも、多々あるということです。

逆境や艱難辛苦《かんなんしんく》などのつらくて厳しい状況にいるとき、その環境にひっぱられて一緒に厳しい方向に思考を走らせ、やられてしまうのではなく、「気持ちくらいは元気にしておこう！」と、明るく前向きになることや、「大丈夫！　なんとかなる！」と信じることくらい、自分の責任で自発的にやるべきです。

実際、それができた人から、力を取り戻し、立ち上がれ、素早く救われることになるのですから！

そして、先に立ち上がれた人は、まだ立ち上がれない人を、励まし、勇気づけ、引っ張り上げ、救うこともできるわけです。

気持ちをつくる、気丈でいる！　ということが大切なのは、逆境や苦難の中では、いつも人間はまる裸にされ、まるで、精神だけが試されるかのようになるものだからです！

ちなみに厳しい環境は、「これを乗り越えられますか？」と、聞いてきます。それは、自分の声として聞こえる感じもしますが、あたかも、天からの確認の声であるかのようにも、聞こえるものです。

そのとき、受け止めるのに、少々、勇気が必要に思うこともあるでしょう。

けれども、その答えは、「もちろん、乗り越えられる！」でなくてはなりません！「乗り越えられる！」「大丈夫！」という気持ちになった瞬間、気丈になれ、力を持て、実際、それを、乗り越えることができるからです！
そのとき、乗り越える自信があるとかないとか、そんなことは、関係ありません。
まず、そう〝思う〟ことが大切で、思えばこそ、そうなれるのです。

いつでも、気丈な気持ちがあるところに、強運も呼び込まれ、良いことがあなためがけて、どんどんやってくるようになるのです！

ベクトルを修正する

あなたの思いには、物事を動かす力がある！
その使い方を正そう

いいときばかりでなく、悪いときもあるのが、人生というものです。この人生、本来、なにがあってもおかしくはないのかもしれません。しかし、悪いことが起こるのは、誰にとってもいやなことです。

その悪い状況の中から、素早く抜け出す方法を身につけている人は、不運を無難や宝に変えていけ、いつでも、幸せな状態を長く味わいやすい人になれます！

では、その悪い状況から、素早く抜け出す方法とは、どんなことでしょうか？　答えは、〝思いのベクトルを上向きにする〟ということです！

悪い状態だからといって、ネガティブになって、そのまま下へ下へとそれにひっぱられて、自分自身や人生を落として、ダメにするほど、あほらしいことはありません。
なぜなら、そんなものを望んでいないわけですからねぇ。

どんな環境の中にいるのであれ、肝心なことは、いつでも、〝思いとその扱い方〟にあります！

たとえば、つらいことがあったとき、「つらい、つらい！」「いやだ！　いやだ！」というのは、かんたんです。なにかがうまくいかないことや、幸せになれないことを悪い状況やつらい環境のせいにして、心を腐らせ、生活を荒れさせるのもかんたんです。

しかし、そのとき、問題は、「ずっと、そうしていたいのか⁉」「悪い中で、このままもがいていたいのか⁉」「さらに、悪くなりたいのか⁉」ということです。

きっと、そうではないでしょう！

思いのベクトルを下向きに使うのも、上向きに使うのも、あなたの扱い方ひとつです。そこからより良くなるのも、悪くなるのも、自分次第ということです。

思いというのは、目には見えないものですが、その思いに見合ったそれ相当のエネルギーを持っています。だから、「取扱注意」なのです！

そのエネルギーの状態によって、方向性をまちがえると、起こる出来事がさらに悪くなるのか、そこから良くなるのか、大きく違ってくるわけですから。思いの扱い方ひとつで、運気好転を叶えられることは多々あります。

神様が、心というものを人間の内側に持たせたのは、「どう扱うかは、あなた自身にまかせたよ」ということです。それは、無責任になされたのではなく、神様があなたを信頼しているからこそ、まかせたのです！

「あなたは、神の子であるのだから、おかしな心の使い方など、しないだろうから」と。

あなたが正しく思いの力を使うとき、神の力も同時に正しく働くことになります！　しかも、神様は慈愛に満ちていて、親切なので、あなたが思いの扱い方をまちがえたら、必ず、「まちがっているよ」と警告を発してくれます。

その警告は、痛かったり、つらかったりします。その痛みとつらさで、あなたは何かどこか心の扱いを間違えたことを悟ることになるわけです。

思いのベクトルを上向きに使えたなら、あなたは勇気と希望、よろこびとうれしさ、幸せの予感で満たされます！　そのとき神様とつながり、より幸せな状態をすんなり叶えることができます！

大切な人に会いにいく

不思議なもので、人は、大切な人の顔を見ると、
なぜか心が強くなる♪

ひとりの時間を過ごしていると、ふと、大切な人を想う時間があるものです。うれしいとき、悲しいとき、そばにいてほしい人というのがいるもので、そういう人とつながれるとき、人は、とたんにスーッと心が癒されるものです。

そんなときは、迷わずその顔に会いにいきましょう♪

近くに住んでいるならば、連絡を取り、逢える日時や都合を聞いてみましょう。相手のもとへすぐに飛んでいけないときや、遠くに離れているときは、携帯のテレビ電話を使ったり、スカイプをつなげたりするのもいいでしょう！
なかなかそれも、難しいというのなら、携帯電話の中に保存しているその人の写真

を、ながめるだけでもいいでしょう。

不思議なもので、人は、大切な人の顔を見ると、なぜか心が強くなるもの！

うれしいときはよろこびは倍になり、悲しいときは半減します。夢に向かって努力しているときなどは、その顔を見るだけで、「よし！　明日から、また、がんばるぞ♪」と、良いエネルギーをもらえたりするものです！

とはいうものの、大切な人への気持ちが強すぎて、「会いたい」ということを、なかなか相手に言えないという人もいるものです。が、一度、素直に言ってみるといいでしょう。案外、すんなり叶うこともあります。

そのとき、「なんで、これまで相手を怖がり、会いたいという気持ちを抑え、がまんしていたのか」と、そう思うでしょう。

誰かの顔を見たいという願望は、人間の中にもっとも強くある願望ではないでしょうか。「会いたい！」という言葉が入った歌が、この世の中にごまんとあるのも、それが人の気持ちと運命のゆくえを、握っているからかもしれません。

さて、いつでも、大切な人と会う場面は、ヒーリング作用と幸福効果、満点！ 優しい笑顔が見られるという、ただそれだけで、無条件に癒され、安堵し、ハッピーになれるのですから。

そして、ある意味、成功報酬も絶大です！ というのも、大切な人と会うことで、大きなパワーを受け取れ、みるみるやる気に満ち、ポジティブになれ、なんでも全力でがんばる自分になれるからです！

氏神さまをお参りする

遠くの神様もいいけれど、
もっとも近い「聖なる場所」にご挨拶を♪

人と連れだってではなく、ひとりで行くから気も落ち着くというものがあります。それは、神社へのお参りです。

寄り添い、訪ね、手をあわせるほどに安堵する、そんな崇拝する神社や神様がいるのなら、訪ねてみるといいでしょう。

そのとき、遠くの有名な神社もいいけれど、忘れてはならない、大切な神様がいることを思い出してほしいのです。

ズバリ、それは、氏神《うじがみ》さまです！　できることなら、スーパーへ行くくらいの日常的な、親しみ深い感覚で、氏神さまをお参りしたいもの！

というのも、氏神さまは、あなたの住んでいる家の近所にある神社におられる神様

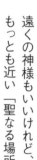

であり、その土地を守り、そこで生活する人々の日々の安全や安泰や幸福繁栄を叶えてくださる、かけがえのない神様だからです！（地域ごとに氏神様は決まっているもの。ご近所の神社さまにおたずねください）

また、その土地にあなたが入ってきたときから、毎日、毎日、日々、手厚くあなたと家族の日常を守り、守護してくださっているからです。

ちなみに、人の星・命運を守護してくださる神様は「天之御中主大神《あめのみなかぬしのおおかみ》さま」、この国や人の人生全般を守護してくださるのが「天照大御神《あまてらすおおみかみ》さま」です。

そして、あなたやあなたの家族の日常生活、日々の健康と幸運と安泰を守護してくださるのが「氏神さま」のお働きです！

「氏神さま」によって、ご祭神は違うでしょうから、その神社でおたずねして、心して、謹んで、お参りさせていただきましょう。

何のために、「氏神さま」にお参りするのかというと、日頃の感謝を伝えるためです！

それしかありません。感謝のためだけに、ひとり足を運ぶという、その尊く、清い心がけが大切なのです！

感謝を伝えたら、これからの毎日も、変わらぬ慈愛と光でお守りいただきたいという、素直で謙虚な気持ちもお伝えするといいでしょう。

そっと手をあわせ、神様に心を寄り添わせるとき、大きな安心感と、あたたかいものが胸にこみ上げ、ここからすべてが良くなることを実感できるでしょう。

Chapter 6

スピリットを整える☆波動を上げるために

自分の次元を引き上げれば、
この人生に魔法がかかる！

恵みを増大させる♪

みるみる恩恵が降り注ぐ！
人生が豊かさで満ちる秘密の方法

人が、ひとりで過ごすときにやっていることといえば、大きくわけると、たいがいは、次の2つのことです。

ひとつは、なにかに「集中すること」、もうひとつは、自分の気分やストレスを「発散させること」です。

ここで、やっておきたいことは、ひとつめの、なにかに「集中する」ということです。

なにに集中したいのかというと、〝これまでの人生、自分がどれほど恵まれてきたか〟ということに、です！　きっかけがなければ、人は、ふだん、なかなか、自分が〝恵まれていること〟に、気づくこともないでしょう。なんでも当然のように思うだけで。

しかし、本当は、与えられているのです。素晴らしき恵みとして！　それらを思い起こし、数えあげるほどに、自分の人生がまんざらでもなかったことを感じられるはずです。

さて、こういったことをお伝えすると、なかには「わたしは何も恵まれていません！」と、文句を言いたがる人がいるものです。が、本当でしょうか？

雨風しのげる家にいて、親が育ててくれたおかげで、こうして大人になれたことも、恵まれていることになるわけで……。

どんなにささいなことにも、謙虚に「ありがたみ」を感じられる人は、それだけで満たされ、豊かになれ、宇宙と同調する波動を放つ人になります！

というわけで、ここでは、これまでの人生で自分が受け取ってきた数々の恵みや、いま現在の状態にも、感謝すべく、「恵みリスト」を作ってみましょう。

恵まれていることを箇条書きでいいから、どんどん書いていくのです。書いたら声に出して読んだり、目につくよう家の壁にでも貼ったりしておくといいでしょう。すると、そこから、恵みを惹き寄せる波動が放たれ、いいことが押し寄せます！

たとえば、次のような感じ♪　で、どうぞ！

《みるみる良きものに恵まれる☆恵みリスト》

◇わたしを大切にしてくれる親のおかげで、わたしはこうして無事に大人になれました。それはとても恵まれたことです。

◇狭くても、ボロくても、このあたたかい家があるおかげで、身を守れ、ぐっすり眠れ、安全に暮らせることは、とても恵まれたことです。

◇わたしは、いつも優しい異性とつきあえ、ボーイフレンドに恵まれています。

◇少しずつ始めた貯金も、どんどん増えてきて、好きなものも買えるようになり、あちこち旅行にも行け、自由に使え、いまやわたしはお金に恵まれています。

◇どの会社に行っても、わたしはみんなに親切にされ、かわいがってもらえて、良い人間関係に恵まれています。
◇わたしの人生には艱難辛苦が多かったですが、それがわたしの精神を鍛え、成長させてくれるチャンスであったということは、ある意味、運命に恵まれています。
◇どんなささいなことも、ひとつ行動するたびにそれなりの結果をくれたこの現実は、成功に恵まれているものです。
……などと。

どんなにささいなことでもいいので、自分にやってきたものや、いま、それがある状態に「ありがたみ」を感じ、感謝し、「わたしは、恵まれている！」と、自分に教えてあげましょう！
あなたが、恵みに対して、感謝すればするほど、さらに良いことや、うれしいこと、感謝すべきことに、もっと恵まれる人となり、幸運や奇跡にも当然のごとく恵まれるようになります！

もし、「本当に、なにも恵まれていない!」とまだ感じるなら、自分が受けたいと感じる〝恵まれている状態〟について、理想を書いてもいいでしょう。なにを書こうが、感謝するとき、それはやがてあなたのところにやってきます!

さて、なにか〝恵み〟があったときには、その規模の大きい小さいに関係なく、素直によろこびましょう。〝恵み〟があった! という、その流れが、ここからの幸福繁栄を示しているものだからです!

オーラを光らせる☆浄化ワークのススメ

呼吸を整え、魂ごとリフレッシュ☆
キラキラまぶしい人になる！

さて、前項では、人が、ひとりで過ごすときにやっていることといえば、たいがい2つあるということで、なにかに「集中すること」、もうひとつ、自分の気分やストレスを「発散させること」と、お伝えしました。ここでは、後者の「発散させること」について、お伝えいたします。

ひとりでいるときに、思いきり発散させたいのが、ストレスです！　そして、怒りや不平不満や恐れや不安などのネガティブな感情です。

それらを、楽に解消させる方法は、ズバリ！　呼吸法にのせた「浄化のワーク」をすることです！

まず、ひとり静かに、リラックスできる場所で、ソファに腰をかけるか、床にあぐらをかいて座ります。お好きな姿勢でどうぞ♪　心癒される音楽をそっと流し、アロマの香りを漂わせておくのも、いいでしょう。

座ったら、目を閉じ、まずは、ハーッと1回大きくため息をついて、息を吐き出します。次に、その勢いで、鼻から大きく息を吸い込み、口からゆっくり吐き出します。

吸うときには、広大無辺な宇宙にひろがる光の空気を自分の中にめいっぱい取り込むように！　あるいは、宇宙の神秘的なエネルギーと一体化するようなイメージで！

吸いきったら、今度は口からゆっくりとロングブレスで、細く、長く、息を少しずつ、おなかがぺちゃんこになるまで吐きます。理想的なのは、４秒で吸って、８秒かけて吐き出す感じです。

吐くときには、自分の中にため込んでいた、誰かへのいやな思いや、気にしていたこと、不平不満やネガティブな感情、不安や恐れなどが、黒い煙のように出ていくのをイメージします。そして、次の呼吸で吐くときには、黒からグレー、グレーから無色へと、どんどん色が薄くなり、ついには無色透明になっていくようなイメージで！

そうして、吐く息が無色透明になったのを感じたら（自分の感覚でそう感じたらOK）、今度は、吸い込んだ宇宙の神秘的なエネルギーや光が、口からキラキラの光となって吐き出されていくのをイメージします。

もはや、吸う息も吐く息も、光になったと感じたら、完全浄化された証拠！　そこで、ワークを終えます。

この「浄化ワーク」は、5分くらいかけて、やるといいでしょう♪　気になるときは、いつでも、どこでも、何度でもどうぞ。

頭はスッキリ、気分爽快《そうかい》、ハートは軽やか、体もしなやかで、清らかな自分で、そのあとの場面を迎えられるはず！

清らかに自分を整えたら、日常も清らかに美しく整い、ピュアで澄んだ良きものをスムーズに惹き寄せてくれるでしょう！

楽しい予定&素敵な計画を立てる

わくわくを率先する☆
そのとき日常は、無条件にハッピーになる♪

ときには、自分のためだけに、何か「楽しい予定」「うれしい行事」「素敵な計画」「有意義な人生設計」を用意してみるといいでしょう。

自分に、「楽しいことが待っている♪」と思うだけで、人は、なんのへんてつもない日常をも、わくわく過ごせ、未来にルンルン軽やかに進めるものです。

しかも、「楽しい予定」「うれしい行事」「素敵な計画」「有意義な人生設計」があるというだけで、人は、自分が価値ある人生を生きていることや、良い未来を創っていることや、満ち足りた人生の中にいることや、恵まれた人でいることや、健全な運命の中にいることを、自然と実感できるものです！

それが、大きなものであれ、ささいなものであれ、未来に良きものが待っているということで、よろこびを感じるとき、あなたの波動は勝手に高まり、ここからすべてを充実させ、幸運化させることになります！

さて、もし、これといって、この先に、自分にとっての楽しいことが何ひとつないとしたら、いったい、どうなるでしょうか？

きっと、人は、家事や仕事や毎日のくりかえしに、嫌気がさすことでしょう。

なんのために日々、こんなにがんばらなくてはならないのかと、悶々《もんもん》としてくるはずです。楽しげに生きている人がうらやましくなったり、嫉妬《しっと》したりするようになります。心はトゲトゲし、いや～な自分になってしまうかもしれません。

また、もし、自分がとてもつらい人生の中にいたとき、楽しみなことが何ひとつ未来にないとしたら、「なぜ、こんな人生にいるのか⁉」と、絶望に感じるものです。

つらい人生の中にいるときこそ、なおさら、自分のために楽しい予定を未来に用意しておくことは必要不可欠です！

いつでも、日々の暮らしの中で、心がすさみ、不運に感じるのは、何ひとつ楽しいことが待っていないからかもしれません。

「ああ、もう、やっていられない！」という気持ちは、人を、荒れさせるものです。

それゆえ、「やっていられない日常」ではなく、「楽しみでしかたないことがたくさんある充実した日常」を率先してつくっていいのです！

楽しいことが待っていると、人は、勝手に、キラキラし、よろこばしく、幸せを感じて生きられるものです♪

ここらで、人生を整える♪

幸せを何度でも手に入れる☆
運命の法則をマスターする！

良くない運命を、幸せな運命へと整えたいというのなら、整うまでは、ぐちゃぐちゃになる場面を経験することもあるということを、知っておきたいものです。

しかし、そんな、運命が〝良くない状態〟にみえるときこそ、実は、もっとも〝幸せに近い状態〟なのです！

不本意なものに遭遇するとき、人は、それが人生のすべてであるかのように思い、「もう、ダメだ」などと、落ち込んだりするものです。が、それは、より良くなるための経過として必要な〝一時的な場面〟にすぎません。

すべてではなく、ある一面をみているだけであり、その一面は、他の面ともつながっていて、連動して、より、大きな幸せを創ろうとしているのです！

なぜ、良くなる前に、一度、そんな不本意な場面を生きる必要があるのかというと、人生の何か、どこかが、まちがったり、ズレてしまったりしたところを、いったん壊す必要があるからです。壊すことでしか、正しいものや、本筋のものや、望むものを、再生することができないからです！

たとえば、「ルービック・キューブ」を思い出すといいでしょう。あれは、完成するまでは、ぐちゃぐちゃで、バラバラな面をみせるものです。しかも、何度も！

それを整えようと、ごそごそさわっていくと、そのたびに状況が変化していきます。しかし、その変化は、良い変化なのか、悪い変化なのかがわからないときもあるものです。

というのも、ある面が、「もう、ほとんど整ってきた！」というときに、何気なく横をみると、そこは、さらにぐちゃぐちゃになっていたりするからです。

確かに、より良くするために、前進してきたはず！　それなのに、別の側面は、なんでこんなにひどいことになっているのか！　と。

そこをフォローしようとすると、せっかく整えた面を、もう一度、バラすことになったりするわけです。

そうして、「あれ？　なんで？　おっと！」と、あちこちいじっている間に、もう、すべての面がバラバラになってしまって、お手上げ状態になったりもします。が、気を取り直して、ひたすら目の前にあることに取り組んでいると、ある瞬間、突如、うそのように、すべてがぜんぶ正しく整ったりするのです！


人生もこれとよく似ています。一筋縄《ひとすじなわ》ではいかないことは多々あるものです。

「良かれ」と思ったのに、裏目に出ることもあれば、努力しているのに、さらに状況が悪くなったり、正しいことが何なのか、もうわからなくなったりすることがあるわけです。あちらもこちらもといろんなことを気にして騒いでいるうちは、うまくいっているのか、悪くなっているのかも、わからない状態に陥ります。

けれども、人生がいよいよ理想的な本望の状態になり、あなたに大きく報いようとするときには、その「前段階」では、一度、すべてがぐちゃぐちゃになったかのようなピンチや逆境の場面に出くわすのは、ある意味、自然の摂理なのです。

そして、まさにそれこそ、人生が、あなたにとって正しく整い、望んでいたものになるという、幸せの前兆サイン！

そこにある教訓は、「なにを、どこを、いじれば、より良くなるのかがわからないときは、ただ、ひたすら、いま目の前にあるものに向かいなさい」ということです。そうすれば、難しく考えなくても、なにもかもがあなたの知らないところでうまく動きだし、タイミング良く現れるものが現れ、自動的にこの人生が整っていくということです！

どのみち、人は、困った人生の中にいるとき、多くのことを一度にやれる気力も体力も運気も持ち合わせていないものです。目の前にあることに必死で取り組む以外、

一体、なにができましょう。

いつでも、なにかひとつの面にのみ執着せず、ひとつひとつ、やれるだけのことをやり、「これでいい」と前に進みさえすればいいのです。

その進み方が正しかろうが、間違いであろうが、気にする必要はありません。というのも、そのとき、そのとき、あなたはちゃんと自分にとっての最善を選び、一生懸命その時を生き、前進しているに違いないからです。

もし、何かを大きく間違えていたとしても、思いわずらう必要はありません。宇宙がすかさず、修正の場面をも与えてくれ、同時に、あなたが進むべき道や、新たな次の場面をも、差し出してくれるからです！

そうして、結局は、そのときどきで、自分が向き合っている場面から、あなたはこの長い人生のいろんな面をクリアしていき、そのたびに、気づき、成長し、たくましくなっていくのです。

がんばってきた自分をたたえる

そもそもあなたは素晴らしい！
責めない生き方が奇跡体質の素♪

日常から、幸せな奇跡を惹き寄せ、望む人生を叶えていきたいというのなら、ここまでの道のりを一生懸命に歩いてきた自分自身を、ここらで一度、う～んと褒《ほ》めてあげましょう。

「ほんとうに、よくやっている。あなたはとてもがんばっている！　そんなあなたをわたしはいま誇りに想います！」と。

この人生を歩む道の途中で、自分をねぎらうことなしに、認めることなしに、たたえることなしに、自分をさらに前に進ませ、進化させ、飛躍させるのは、至難の業です。

「もっと、がんばれ！」「もっと、やるべきだ」「休むのはまだ早い！」「あの人に負けるな！」「甘いことを言うな」「まだ認めないわよ」「褒めるところはない」などと、自分に厳しいことばかり言い、ムチ打つことばかりしていたら、走るどころか、倒れ、壊れてしまいます。

なにかと自分に厳しいことを課し、「なっていない！」「どうして、こんなこともできないの!?」「わたしって、最低」などと責めてばかりいたら、エネルギーを失い、魂も枯れ果ててしまいます。

自分を責めるのをやめ、自分に厳しいことをいうのをやめ、自分と誰かを比べて劣っているというのをやめ、自分には価値がないというのを、やめてください！

それでは、自分があまりにもかわいそうすぎます。

今日まで、あなたは、どんなこともがんばってきたのです。陰で泣きながら何かを努力していたこともありました。痛みやつらさを抱えたままで、まわりに笑顔をふりまいていたこともあるし、自分が困っているときに、もっと困っている誰かを助けたこともあるのです。

さみしい夜、ひとり布団にもぐって泣いていても、次の日の会社ではみんなに迷惑かけないようにと、テキパキ仕事をこなしたこともあったのです。

あなたが、これまでがんばってきた自分をたたえ、その良さや価値を認め、誰よりも愛し、励まし、みかたになるとき、あなたは強力な「生命チャージ」をすることとなり、そこから、大きく運命が好転することになります！

自分を認めるとき、内側から大きなエネルギーが湧いてくるもの！　それは、他の誰かに褒めてもらう必要もないほどの、大きな支えとなります！

そして、人は、夢中でなにかをし、がんばってきた時代に、必ずなにかしら宝物を残しているものです。それは、何かをやりとげたことに対するよろこび、誇り、満足感、充実感かもしれませんし、自信や輝きかもしれません。あるいは、なにかしらの名誉や、そこから得た報酬かもしれません。

しかし、**がんばってきた自分が残したときには、その報酬で、自分へのごほうびとして買ったダイヤモンドかもしれません。もっとも、素晴らしい宝物として、あなたに与えられたものは、あなたが「何者かになった」という証です！**

そのとき、まわりが、人生すべてが、宇宙全体が、あなたをたたえて、拍手とエールを贈ってくれているものです！

尽きぬエネルギーの源泉になる！

いつでも、何度でも、人生を立て直し、
「幸せでいる秘訣」とは⁉

奇跡を起こす人生を叶えるために、自分を整えるには、尽きぬエネルギーの源泉になることです！

では、自分が尽きぬエネルギーの源泉になるには、いったいどうすればいいのでしょうか？

答えは、よくない時期（なにもかもが苦しい状況）にあるときには、ただ、〝井戸のごとく〟あるようにすることです。

それは、**苦しいときほど、あわてず、さわがず、落ち着いて、自己の内側をみつめ、井戸の水をくみ上げるかのように、深く自分を掘り下げていくということです！**

さて、あなたは、井戸を覗《のぞ》いたことがあるでしょうか？

深い井戸というのは覗くと暗くて、先が何も見えないものです。奥はどこまであるのか、底はどんなに深いのか、見ていると怖い気持ちにさえなるものです。

しかし、そこには「水」があります！　それは、くみ上げることができ、その水によって、人は救われるわけです。

深い井戸の水は、くみ上げても、くみ上げても、枯れることがありません。それは、源泉につながっているからです。

自分の内側も、ちょっと覗いたくらいでは、先はよく見えないものです。奥底深くには何があるのかもわからないものです。そして、それは、掘り下げても、掘り下げても、枯れることがありません。

それどころか、深く掘り下げていくと、ある時点で、素晴らしい境地に出逢い、そのとき、コンコンと井戸から水がわき上がるかのように、尽きぬ思いとエネルギーをあふれさせるものです。

そこでは、真の自己・裸の魂の輝き・人生の真実に出逢えるものです！

人が井戸から水をくみ上げにくるときは、まさに、その水が必要なときです。あなたが苦しいとき、厳しい中にいるとき、もうどうしていいかわからないというときも、水を必要とするときに井戸を覗くのと同じように、自分の内側を覗くときです！　それは、まさに、〝自己を深く掘り下げる瞬間〟であり、そこからエネルギーをくみ上げるときです！

そこに、運命を好転させる偉大なパワーがあります！

いつでも、新たな運命がひらくときには、一時的に「苦しい」「ピンチ」「つらい」という場面がやってくるものです。

なぜ、そういうものがやってくるのかというと、新たな運命がひらくときが訪れていても、それを知らせるサインが何もなければ、人はわからないからです。

わからなかったら、それ以上、なにかしようにも、先に進みようもないからです。

そうなると、新たな運命のある世界になかなか入っていけません。

神様は親切なので、「わかりやすくしてくれている」ということです。

いつでも、痛いものには、気がつきやすいのです。生ぬるいものには反応しなくても、痛いとか、つらいとか、厳しいとかいうものには、即座に反応するのが、人間なのです。

なぜ、そういうものには即座に反応できるのかというと、〝いやだから〟です！

覚えておきたいことは、窮地に追い詰められて、「ここで観念のときか」というときこそ、運命好転を叶える、〝ビッグチャンス〟であるということです！

あなたが自己の内側の奥深くへと入り、そこから生命の根源から湧き出るエネルギーをくみ上げるとき、それが奇跡を起こすものとなるのです！

それは、生命の根源であるだけに、〝尽きぬエネルギー〟をあふれさせ、あなたをどんな状況からも、救い出し、引き上げ、復活させるものです！

あなたの井戸である、心の内側の奥深いところには、潜在意識・宇宙・神と呼ばれる源泉があり、それはいつも、あなたが来るのを待っています！　苦しいときほど、外側ではなく、自分の内側を覗きなさい！　と。

そして、あなたは知ることになります。

「自分自身が運命の創造主であったのか！」

「すべてを整え、望む人生を叶えるすごいパワーは、最初から、自分の中にあったのか！」と。

感謝をこめた「あとがき」

「時」がくれる試練さえも、「宝物」になる!

ひとりの時間を大切にしたならば、自分が自分を助ける日が来る

人が、心を整え、落ちつき安定し、自分本来のパワーを取り戻すとき、人生も自然に整い、安定し、力強い輝きを取り戻すものです。

いつでも、整った心は、あるべき自分の姿を思い出させてくれ、進むべき正しい道と叶えるべき世界を、しっかり教えてくれるからです。

ひとりの時間を過ごすとき、自分を大切に育むことをしてきた人は、なにか、つらい状況が起こったとしても、必ず、自分の原点を思い出し、自分が自分をうまく助け

る瞬間がくるものです。

この間、なにげなくテレビを観ていると、あるお菓子メーカーの社長が、こんな話をしていました。

「社会に変化が起こり、お菓子業界にも競合他社が増え、自分たちがそれまでやっていたことがうまくいかなくなり、二度の経営危機におちいったことがあります。

それまでは、強気で、イケイケどんどんで、すごい勢いで新商品を出し続けていたので、突然、売り上げが落ちだしたとき、一体、どうすればいいのかわからなくなってしまったんです。僕も社員たちも。

最初のうち、あせって、もがいて、他社の真似をしたり、奇をてらったものを新たに作ったりしました。が、すべて失敗しました。

しかし、あるとき、〝そんな小手先のことではダメだ！〟と、気がついたのです。

そして、わかった大切なことがありました。

それは、〝原点〟に戻る！　ということだったのです！」

そうして、そこから、みんな一丸となって、自分たちの会社が最初にやり始めたことを、その良さや魅力的なところを、もう一度、しっかりみなおし、そこに力を入れてはどうかという思いで、商品開発をしたそうです。

すると、それは、想像を超えた爆発的なヒットとなり、壊れかけの会社を一気に救ったといいます。

誰もが、うまくいかない不安な状況の中にいるとき、〝自分は何をしたらいいのか〟〝ここから、どうすべきなのか〟と、おおいに迷うものです。

しかし、よくない状況の中でも、自分が最初から持っていた大切なものをしっかりみつめることができたなら、そこから人生は、こちらに応えてくれるかのように、より良く変わりはじめるものです！

変化を恐れてはいけない。特に、よくない変化に怯えてはいけない！　変化を超えてこそ、進化があり、新しい世界に入っていけるからです！

本当に恐れるべきは、自分が本来持っているはずのかけがえのないものを、忘れてしまうことではないでしょうか。他の人や、まわりに気をとられて。

自分の中に最初からあった宝物を、自分の原点となるものを、絶対に見失わないためにも、自分の心は見やすいように整え、それらを、必要なときには、いつでも自分の中からすっと取り出せるようにしておきたいもの。

あなたも、ひとりの時間、自分を大切に育むことをやめないでください。それが、どんなときも、あなたを助けるものとなるからです！　生きる力になるからです！

さて、本書を手にとり、貴重な〝ひとりの時間〟を使って読んでいただいた読者の皆様、本当にありがとうございます。心から感謝いたします。

また、この本の出版のチャンスを与えてくださったビジネス社の感性豊かな社長・唐津隆さん、そして、連休中も休まず本づくりを進行させてくださった関係者の皆様、心より感謝いたします。本当にありがとうございます。

ここから、すべての人の日常が、より良く整い、キラキラ輝き、幸せな奇跡に満ちますように！

２０２０年　５月

ミラクルハッピー　佳川　奈未

※「ミラクルハッピー」は、佳川奈未の造語であり、オリジナルな世界観を叶える「ブランド」であり、佳川奈未が会長をつとめる株式会社クリエイティブエージェンシーの「商標登録」です。法的権利を有するものです。

《佳川奈未　最新著作一覧》

◇『宇宙は、「現象」を通してあなたに語る』　ビジネス社
◇『あなたの願いがいきなり叶う☆「ヴォイドの法則」』　ビジネス社
◇『自分の病気は自分で治す！』　ビジネス社
◇『人生を整える「ひとり時間」の過ごし方』　ビジネス社
◇『「いいこと」ばかりが起こりだす　スピリチュアル・ゾーン』　青春出版社
◇『「約束」された運命が動きだす　スピリチュアル・ミッション』　青春出版社
◇『人生の教訓』☆大自然に習う古くて新しい生き方　青春出版社
◇『ほとんど翌日　願いが叶う　シフトの法則』　青春出版社
◇『ほとんど毎日　運がよくなる　勝負メシ』　青春出版社
◇『すべてを手に入れる最強の惹き寄せパワーハウスの法則』　青春出版社
◇『宇宙から答えをもらうシンボリック占い』(書物占い)　青春出版社
◇『たちまち、「良縁」で結ばれる、「悪縁」の切り方』　青春出版社
◇『幸運予告』(初めての語りおろし特別CD付／約40分収録)　マガジンハウス
◇『富裕の法則』竹田和平＆佳川奈未　共著　マガジンハウス
◇『成功チャンネル』　マガジンハウス
◇『幸運Gift☆』☆エイベックス歌手デビューCD付き♪　マガジンハウス
◇『自分で運命調整する方法』☆佳川奈未本人登場!DVD(52分収録)　講談社
◇『運のいい人がやっている気持ちの整理術』　講談社
◇『どんなときもうまくいく人の“言葉の力”』　講談社
◇『怒るのをやめると奇跡が起こる♪』　講談社
◇『あなたに奇跡が起こる！心のそうじ術』　講談社
◇『“結果”は、自然に現れる！』　講談社
◇『働かない働き方』　トランスワールドジャパン
◇『マーフィー　奇跡を引き寄せる魔法の言葉』　日本文芸社
　ジョセフ・マーフィー著／佳川奈未　監訳

※文庫、ムック、電子書籍、POD書籍、その他の情報は、
佳川奈未公式サイト『奇跡が起こるホームページ』をご覧ください。
http://miracle-happy.com/

※佳川奈未プロデュース☆公式通販サイト「ミラクルハッピー百貨店」
http://miraclehappy-store24.com/
※佳川奈未の個人セッション・各種講座が受けられる！
『ホリスティックライフビジョンカレッジ』ＨＰ
http://holistic-life-vision24.com/

佳川 奈未（よしかわ　なみ）プロフィール

生き方・願望実現・夢・お金・恋愛・成功・幸運をテーマにした
著書累計は、約160冊（2020年5月現在)。海外でも多数翻訳出版されている。

アンドリュー・カーネギーやナポレオン・ヒルの「成功哲学」「人間影響心理学」、ジョセフ・マーフィー博士の「潜在意識理論」などを30年に渡り研鑽。

その学びと実践から独自の成果法を確立させ、「夢を叶える自己実現」「成功感性の磨き方」を通して、人々の理想のライフワークの実現に取り組んでいる。

2008年４月には、ニューヨーク・カーネギー・ホールで公演。ニューヨーク・国連本部でUNICEF代表者とも会談。印税の一部を寄付し続けている。

2009年２月､エイベックスより｢幸運Gift☆｣で作詞と歌を担当し､歌手デビュー。(デビュー曲はエイベックス&マガジンハウス夢のコラボCD付Book『幸運Gift☆』として発売)

執筆活動の他、ディナーショーや公演、講演、セミナー、個人セッション・音楽ライブ、ラジオ出演、音声配信番組などでも活躍、
精神世界にも精通しており、スピリチュアルなテーマを実生活に役立つ形で展開。

潜在意識活性法や能力開発、願望実現などの各種講座を開催。

臼井式レイキ・ヒーラー。エネルギー・ワーカー。

ホリスティック・レイキ・マスター・ティーチャー。

近著に『あなたの願いがいきなり叶う☆「ヴォイドの法則」』『宇宙は「現象」を通してあなたに語る』『自分の病気は自分で治す！』(以上、ビジネス社)、『人生の教訓』『約束された運命が動き出すスピリチュアル・ミッション』『「いいこと」ばかりが起こりだすスピリチュアル・ゾーン』(以上、青春出版社)など多数。

★佳川奈未公式オフィシャルサイト
『ミラクルハッピーなみちゃんの奇跡が起こるホームページ』
http://miracle-happy.com/

★佳川奈未　公式オフィシャルブログ（アメブロ）
https://ameblo.jp/miracle-happy-ny24/

★佳川奈未インスタグラム
https://www.instagram.com/yoshikawanami24/

★佳川奈未オリジナルブランドグッズ通販サイト
『ミラクルハッピー百貨店』HP
http://miraclehappy-store24.com/

★佳川奈未の個人セッション・各種講座が受けられる！
心と体と魂に優しい生き方を叶える
『ホリスティックライフビジョンカレッジ』ＨＰ
http://holistic-life-vision24.com/

※「ミラクルハッピー」は、佳川奈未の造語であり、オリジナルな世界観を叶える「ブランド」であり、佳川奈未が会長をつとめる株式会社クリエイティブエージェンシーの「商標登録」です。法的権利を有するものです。

人生が整う「ひとり時間」の過ごし方☆

2020年6月18日　　第1刷発行

著　者　佳川 奈未
発行者　唐津 隆
発行所　株式会社ビジネス社
〒162-0805　東京都新宿区矢来町114番地 神楽坂高橋ビル5F
電話　03(5227)1602　FAX　03(5227)1603
http://www.business-sha.co.jp

〈装幀〉中村聡
〈本文組版〉エムアンドケイ　茂呂田剛
〈印刷・製本〉中央精版印刷株式会社
〈編集担当〉本田朋子　〈営業担当〉山口健志

ISBN978-4-8284-2192-6